【文庫クセジュ】

コルシカ語

マリ=ジョゼ・ダルベラ=ステファナッジ著
渡邊淳也訳

JN084059

白水社

Marie-José Dalbera-Stefanaggi, *La langue corse*
(Collection QUE SAIS-JE ? N° 3641)
© Que sais-je ? / Humensis, Paris, 2002
This book is published in Japan by arrangement with Humensis, Paris,
through le Bureau des Copyrights Français, Tokyo.
Copyright in Japan by Hakusuisha

もくじ

凡　例

1. （　）内は原書にある補足を翻訳したものである。
2. 〔　〕内は訳者による補足である。
3. 〔　〕内に国際音声字母（IPA）があるときは音声表記であるが、原書に一部独特の表記があったので、それにしたがっている。IPAの通則では強勢をになう音節全体の前につける強勢記号（ ' ）を、原著では強勢をになう母音の直前につけている（コルシカ語の辞典や言語地図にもみられる表記方式である）。また、上つきの˜は強い鼻音化をあらわすのに対し、下つきの ˳ は（IPAの通則では「きしみ音」であるが）弱い鼻音化をあらわす。また、母音の下に付された . は相対的に開口度が狭いことをあらわす。
4. ／／内にIPAがあるときは音素表記である。
5. 語頭に付された＊は文証のない推定形を示す。
6. 原書では、特に音声学・音韻論、形態論にかかわる章節では、例示がIPAのみでなされている場合が多いが、参考のためコルシカ語の標準的な綴り字と、日本語訳をあわせて示した。逆に、原著でもコルシカ語の綴り字しか示されていないときは、日本語訳のみを併記した。第3章註9にあるように、一部では二重子音の表記方法が異なる。
7. 地名の表記は原書ではコルシカ語式、フランス語式、イタリア（トスカーナ）語式が混在していたので、原則としてコルシカ式の地名をカタカナで表記し、よりよく知られていると思われるカタカナ書きがあるときは初出の際〔　〕内に併記した。ただし、コルシカ島外の地名に関してはこの限りではない。
8. 原著で明らかに誤りと断定できる箇所、および著者に直接確認のうえ修正を示唆された箇所は訳文で修正している。そのうち、まぎらわしいと思われる点については訳註で説明した。

序章　言語か、方言か

　ジェノヴァ湾の中央に位置し、列島を介してトスカーナに
つながり（トスカーナからの距離は90km）、極南部ではサル
ディーニャ北部と隣接していることからコルシカ島は、まっ
たく「自然に」中央イタリア・ロマンス語圏に属し、ある意味
でその歴史が投影されている。1769年からフランスの1地方
になり、フランス語を公用語とするようになった。フランス語
はこんにちでは広く理解され、すべての島民に使われている。
　第1次ポエニ戦争の直後にローマに征服され、ローマ帝国
のはじめの数世紀のうちにサルディーニャと統合される。中
世になるとローマから離れ、ピサの（つまり、トスカーナとゲ
ルマンの）影響下に入る。コルシカ島は、ピサとジェノヴァの
影響力争いの種になり、11世紀から13世紀にかけてピサの覇
権のもとにあったが、1284年にジェノヴァの支配下に移った。
しかし、トスカーナ方言はジェノヴァの占領下でも公用語で
あり続け、19世紀の半ばまで、すなわちコルシカがフランス
に統合されてから100年のあいだ、文化的言語であり続けた。
より詳細な研究が必要ではあるが、ジェノヴァ方言はコルシ
カの諸方言に深い痕跡は残さなかったようである。それに対
し、ブニファーツィウ〔ボニファシオ〕は、1196年に創設された
ジェノヴァの要塞であり、リグーリアからきた植民者が住ん
でいたので、独自の発展を遂げたリグーリア風の方言がいま
なお話されている。

　コルシカの言語地理には、歴史の刻印が残されている。〔イタリア〕半島から島にやってきて、東海岸から入り、南にむかって消えてゆく形で、次々と通りすぎた波状の影響の跡がみられる。〔言語の〕トスカーナ化は、南部より北部で強いものの、島の南端までをつらぬいた。さらに、ブニファーツィウ海峡を越えて、サルディーニャ島北部（サッサリ方言、ガッルーラ方言）までコルシカと同じ言語類型に属する結果となった。とりわけ指摘しておくべきことは、コルシカ語が100年ないし150年のあいだに発展したのは、イタリア語との接触によってではなく、フランス語との接触によるものであったということである。その際、言語的、社会言語学的な影響がもちろん意味深く、以来、それ以前のコルシカ語が発展した場であった（トスカーナの）圏域のほかの方言とコルシカ語との差異を生み出すことになった。

　それでは、「コルシカ語」と呼ばれるものは何であろうか。コルシカ語は「本当に」ひとつの言語であろうか。あるいは、むしろ方言というべきなのか。この問いは絶え間なく問われ続けてきた。はじめに言っておきたいことは、この問いはこのままの形では答えを得られないものであり、熱を帯びた議論を引き起こし、存続させる性質のものであるということである。したがって、何よりもまず、日常言語で多くの意味をもつ〔「言語」という〕用語の曖昧性（意図的なものであろうが、意図のないものであろうが）を取り払い、本書がどのような視角からコルシカ語の問題にここで取り組むのかを明確にしておきたい。

　日常言語は「言語」という用語を、しばしば公用語、国家語、

文化的言語という言外の意味をこめて用いる。この解釈は、
（つねに素朴に）「言語」を「方言」や、さらには「俚言」と対立
させるものである。「言語」は書きことばであり、符号化され
ており、学校で教えられ、したがって、少なくとも主な部分
は規範化されている。それに対し、「方言」は、より「自由」で
あり、限られた社会的環境、もしくは家族的環境のなかで話
され、口承されるものである。ましてや「俚言」は、その拡散
と威信において、いっそう限られた言語的現実を指し示す。
もしこの素朴な概念化の範囲内で、「言語」と「方言」という用
語にこれらの内容を与えるなら、まったく明らかに、コルシ
カ語は「言語」ではない（あるいは少なくとも、まだ「言語」に
なっていない）。最近20年ほどの変化を別にするなら、コルシ
カにおいて、標準語化や公用語化に着手しようとする動きは、
歴史上のいかなる時期にもなかった。

　これらの概念は、社会言語学によって分析され、説明され
てきた。社会言語学は、言語と社会的地位のあいだの関係を
つかさどるメカニズム、諸言語に対してなされる判断や、諸
言語の発展からもたらされる効果を明らかにする。ここから
出てくるのは、「2言語併用」の一連の問題群である。そして、
行為のレヴェルでは、言語政策である。この視点からすれば、
コルシカ語は過小評価された言語であり、造成されつつある
言語である[1]。

　しかし他方、近代言語学がしっかりと打ち立てたように、
いかなる言語体系もほかの体系と等価であり、ある言語が公
用語であるか、威信を帯びているか、書きことばに到達して
いるか、文学を生み出しているか、文法書を練りあげている

か、などの基準で序列化することは、言語学的には不当である。この観点からすると、いかなる言語の変種も、その使用地域がどれほどであろうとも、威信の度合いがどれほどであろうとも、それが伝える文化の重要性がどれほどであろうとも、言語という称号を要求できる。コルシカ語ももちろん、ひとつの言語なのである。

　もうひとつの観点は、ある地域における言語的単一性と多様性を考慮した言語学研究に取り組むものである。すると、言語は方言の連続体として考えられる。その際、方言は、伝達すると同時に異化し、アイデンティティーと同時に差異を言明することを可能にするような、コミュニケーションのあり方としてとらえられる[2]。この展望からすると、考慮に入れられるのは、大幅に人工的な構築物である公用語ではなく、「自然言語」、すなわち方言であることは明らかである。そこで、強調することになるのは、系譜的親近性や、時間・空間的なつながりである。なぜなら、一般的に言語においては、空間は時間からの投影であるからである[3]。

　ここでの問題に対してさまざまな説明を与えるため、これらのさまざまな視点に、本書では順次取り組んでゆく。しかしながら、それぞれの視点に対する立場どりは、かならずしも同じではない。本書では結局、フランス語と接触しながら150年来発展を続け、現代コルシカの社会・歴史的な変化と結びつき、こんにち、さまざまな変化の動きを経験している、イタリア・ロマンス語圏のひとつの方言（あるいはむしろ、諸方言の総体）であるコルシカ語の言語学的記述や、現在の機能のしかたについて、『コルシカ語』という題名のもとで取り組んでゆくことになる。

第1章

イタリア・ロマンス語圏への編入——時代区分

　コルシカ語の構成は、さまざまな意味で足跡を残した諸時代の継起を通して考えることができる。この点で、大多数の研究者に追随されているロルフスによると、下記の5つの時代に区分できる。

I.　ラテン語以前

　コルシカでは、ほかの場所と同様、ラテン語以前に何があったかについては、たいしたことはわかっていない。セネカ（コルシカに流刑になり、地元の人のことばはわからないと言っている）の証言は単に、紀元後1世紀には、ラテン語化はなされていないか、少なくとも完成していないとだけ述べている。ラテン語化が完成したのは中世であると考えるのが道理にかなっている。セネカ自身が、コルシカ人の言語は彼と同郷のイベリア人の言語に似ているとの言及で示唆しているように、ラテン語以前にさかのぼることはむずかしいように思われる。セネカの発言はあまりあてにならないようであるが、つぎのように言っている。「ほとんど文明化されていない蛮族の耳さえおどろかせるほど低劣な蛮族の話す俗語しか、自分のまわりで話しているのがきこえないならば、ラ

テン語の語彙を使いこなすのはたいへんな困難である」(『ポリュビウスへの慰め』III, 17, 9)。

ラテン語以前の基層のいくつかの要素が、あちらこちらにあふれている。特に地名である。たとえば、おそらく島の名前の源となった KORS「ぎざぎざの浮き彫り」、KUKK「丸まった高地」など、いくつかの語根は、地中海のほかの圏域にも認められ、ラテン語以前の言語的、文化的共通性を考えることを可能とする。また、このラテン語以前の時代を証しだてるのは、語源がはっきりせず、ロマンス語圏のほかの地域(サルディーニャを除く)にはみられないいくつかの単語である[1]。やはりロルフスによると、コルシカ南部における caracutu「西洋ひいらぎ」、talavellu または talabucciu「ツルボラン属」、tafone (tufone, tofone)「穴」、mufrone「ムフローネ(野生の羊)」、ghjacaru「犬」がこれにあたる。

音声学の次元では、「そり舌音」の調音(後述)の存在もまた、ラテン語以前の時代に帰せられる。シチーリア、イタリア南部、サルディーニャ、さらには北アフリカも、この特徴的な調音を示している。方言学者のミラルデが1920年から1924年にかけてこれらの地方を調査し、それを基盤として、たいへん古い言語的共同体の仮説を定式化するに至り、慎重にも「基層 X」と呼んでいる。B 音化(v と b を混同し、b とすること)を説明するためにイベリア語(上記で言及したセネカの証言がうながすように)か、リビアの基層、あるいはエトルリアの基層が引き合いに出されてきた。しかし、この共通性の特徴づけに関する仮説は、いまのところ、単なる思弁にとどまっている。それに、ある言語的単位のラテン語以前

の性質を画定するには、どれほど慎重になってもなりすぎではない。たとえば、ghjallicu「樅」にラテン語以前の基層を見ることができると長年信じられてきたが、最終的には、ラテン語 ABIES「樅」を限定する形容詞 GALLICU「ガリアの」がメトニミーによって名詞に転じたものであるとわかった。

II. コルシカのローマ化

　コルシカのローマ化は、第1次ポエニ戦争と第2次ポエニ戦争のあいだの時期（紀元前3世紀）にさかのぼる。紀元後5世紀まで、コルシカとサルディーニャは単一の属州をなしていた。この政治的単位には、ある程度まとまった言語的単位がともなっていたと考えることができる。その言語的単位は、ラテン語以前の民族的、言語的単位を引き継ぐものであった。というのも、コルシカにおいてラテン語以前からの痕跡とされるものは、サルディーニャでも現われているからである。そして、紀元前3世紀以降のコルシカ・サルディーニャの言語的単位は、ラテン語の伝播の（最もアルカイックな）層位に対応している。たとえば、サルディーニャとコルシカ南部に現存するいくつかの辞項は、ロマンス語圏のほかの地域には見あたらない。agnone, angioni「大きな仔羊」は、AGNU に接尾辞 -ŌNE をつけたものに基づくが、ほかの地域では AGNELLU をすべての派生の基礎としているのが見られる。ラテン語の強勢母音の取り扱いにおける類似性が、この層の存在を確認し、およその時期を推定することを可能とする（後述）。西ロマンス語圏（ガリア・ロマンス語、イベリア・ロマンス語、中

央部および北部イタリア・ロマンス語）とは違って、コルシ
カ極南部の諸方言は、サルディーニャ語や一部の南部イタ
リア語[2]と同様、ラテン語の母音の長短の区別をなくした。
PĬLU「しっぽ」> [p'ilu] は FĪLU「ひも」> [f'ilu] と同じ母音、
FŬRRU「かまど」> [f'urru] は MŪRU「壁」> [m'uru] と同
じ母音になる。時間や空間をよりどころにすることで、この
発展を位置づけることができる。5世紀に、聖アウグスティ
ヌスは、大臣をつとめていたチュニジアで、「アフリカの耳」
（afræ aures）はこの母音の長短の対立を知覚せず、再現しな
いと記している。ときおりアフリカ・ラテン語、または島嶼
部ラテン語（コルシカ、サルディーニャ、シチーリア）と呼ば
れるラテン語のこの状態を、コルシカ島極南部で確認するこ
とができる。やはりラウスベルクによると、この状態はほか
にも、イタリア南部のほかに、ローマの言語的植民地化の余
地のなかで確認される。おくればせの波で植民地化したとこ
ろ（北アフリカ）や植民地化が強いられるに至らなかった場
合もある（バスク）。特に、ラウスベルクによると、ラテン語
CĬCER「エジプト豆」に由来するベルベル語 akiker、ラテン語
ŬLMU「あわび」に由来するベルベル語 ulmu、ラテン語 PĬCE
「木タール」に由来するバスク語 pice、ラテン語 FŬRCA「熊
手」に由来するバスク語 urka などがその証拠である[3]。

　ローマ帝国が滅亡し、コルシカはヴァンダル族に、のちに
ゴート族に占領された。コルシカ・サルディーニャの共同体
は緩んだ。サルディーニャは閉鎖的になり、のちにはアラゴ
ン王国の影響を受けることになる。コルシカは、トスカーナ・
ゲルマンの影響に引きつけられる。イタリアがビザンティン

帝国に結びついたときは、コルシカもビザンティン帝国の影
響を受けた。そして、トスカーナがロンゴバルド族によって
占領されたときは、コルシカもロンゴバルド王国の一部を
なした。コルシカはまずルニジャーナのルーニに結びつき、
1016年にルーニが破壊されたあとは、ピサに結びついた。こ
の時代は、おそらくいささか手とっとりばやく「トスカーナ
時代」と形容され、13世紀まで続き、ローマ教会の建設の広汎
な計画に沿うものであるが、コルシカ語の構成にとって決定
的な時代であった。この時代こそが、コルシカ語に本質的な
諸特性を与えたのである。

Ⅲ. トスカーナ化

　このトスカーナ化は、コルシカ北部で強く、南部で弱いも
のの、コルシカ島の南端まで浸透し、それどころかブニ
ファーツィウ海峡を越えて、サルディーニャ島に入り、ガッ
ルーラ地方の南の境界にまで達した。〔コルシカ語との〕類似性
を探さなければならないのは、イタリアの国家語を生んだ中
央トスカーナ方言ではなく、ダンテやボッカチオの中世トス
カーナ語、および／あるいは、近代の周辺部トスカーナ方言、
より細かにいうと、ルッカ地方、ガルファニャーナ地方、ト
スカーナ諸島（エルバ島、カプライア島）からなる北西弧状列
島の方言である。コルシカ語と古トスカーナ語の対応は、言
語のあらゆる部門にかかわる。音声学、形態論、語彙論、統辞
論である。sapemu「われわれは知っている」、sentimu「われ
われは感じる」のようなコルシカ語の動詞の形式は、古トス

カーナ語の形式に類するものであり、sapiamo, sentiamo のような近代トスカーナ語とは対立する。コルシカ語はこんにちでも、babbitu「きみのお父さん」、mammata「きみのお母さん」というように、後倚辞（こうきじ）化された所有詞をともなう表現をする。これはイタリア語の諸方言にもみられる表現である。omu dice「…と言われている」、omu sà「…と知られている」という表現は、往々にして信じられていることと違って、ガリシスム（フランス語 on）ではなく、ダンテやボッカチオのよく知られた表現なのである。最後に、コルシカ語は中世トスカーナ的性質を指し示す語を用いている（avà, avale「いま」は近代の ora, adesso と異なり、nimu「だれも…ない」は近代の nessuno と異なる、など）。

　ゲルマン民族の侵入からきた諸要素をコルシカにもち込んだのもまた、トスカーナ化であった。この点も、コルシカ島の南端まで浸透した。地元の音声に完全に統合され、たいへん特殊な文化的現実を示すものであり、しばしばその存在は見すごされる。たとえば bastella (vastella, guastella) はさまざまな種類のケーキや料理法を指す語であるが、フランク語の WASTIL に対応している。同様に、fiadone は山羊のチーズをもとにしたデザートであるが、FLANDONE「フランドーネ（プリン状の菓子）」に基づいている。WALD「森」は、多くのロマンス語で見られるものの、一般的には地名として凝固したものしかない。しかしコルシカ南部では、いまなお〔普通名詞として〕用いられる語であり（valdu, gualdu）、「林」、「小さな森」といった意味である。

Ⅳ. ジェノヴァの存在

　1284年、島の覇権をめぐるジェノヴァとピサの敵対関係は、メロリアの戦いでピサを破ったジェノヴァの勝利に終わった。ジェノヴァは、かねてよりブニファーツィウとカルビには定着していたが、これ以降はコルシカの経済と行政を支配することになる。ジェノヴァの存在は、島の住民にとって、ピサの存在よりはるかに否定的に感じられた。そして言語的には、限られた影響というだけではなく、ピサとはまったく異なる影響をもたらした。植民地化の試みにおいて、ジェノヴァは、ジェノヴァ方言ではなく、のちにイタリア語になるトスカーナ方言を用いたことを知っておかなければならない。東部リグーリアからの相次いだ2度の植民の波によって成立した入植型植民地ブニファーツィウが、こんにちもジェノヴァ風の方言を保っているのを例外とすれば、コルシカへのジェノヴァの言語的寄与は、ほとんど無に帰するように思われる。ロルフスは約100の単語をあげているが、これらの単語の多くは厳密な意味でのジェノヴァ占領時代につながらないことをわれわれは示した[4]。したがって、われわれは慎重に、いくつかの語を引用するにとどめよう。たとえば、scagnu「事務所」、spichjetti「めがね」、carrughju「通り」、baina「スレート」、livazzu「スズキ」など。ジェノヴァの言語的寄与については後述する。これ以降、確かなことは、結局、地名の転記や住民登録制度のみならず、日常の言語的実践において、ジェノヴァがコルシカに大量にイタリア語を導入したということ

である。ジェノヴァの植民政策（コルティヴァツィオーネ）は
また、逆説的にも、最も「トスカーナ化された」ものであり、
つまりイタリア語という国家語にむけて最も発展したもので
あった[5]。コルシカに対して北方から言語的にもたらされたも
のの性質、層位、規模の再評価は目処がついており、最後ま
でなされるに値する。同様に逆説的に、こんにちなされてい
る研究の結果によって、（音声的、語彙的、形態的な）北方的
な特徴の圧力は、島の北部より南部のほうが強かったことが
はっきりした。そのことは、北方的な言語的寄与の〔時間的〕先
行性を示している。

V. フランスの存在

　公式的には1768年にさかのぼるが、「フランス化」が動きだ
したのは19世紀の半ばからである[6]。その証拠に、コルシカの
フランス市民も接近可能にするために、一時期フランス共和
国憲法のイタリア語訳がなされていた。19世紀の終わりま
で、富裕層は子どもたちを進学のためイタリアに送りだして
いた。1829年には、ピサ大学の学生の4分の1がコルシカ出身
であった。ふたつの文化（フランスとイタリア）の共存ないし
競合と名ざしうる時代のあと、フランス語が決然と歩みを進
め、特に学校において強制されるようになった。フランス語
とコルシカ語という現存するふたつの言語体系が、対比され、
ときに衝突を生む力関係と、相互に不可分の発達については、
つぎの章で対象とする。

第2章　社会言語学的側面

Ⅰ. コルシカ語とイタリア語、コルシカ語とフランス語

　コルシカがイタリアの中部からフランスの周縁部に移ったことには、言語的な次元で、緩慢ではあるが深い激動がともなった。図式的には、2世紀のあいだに、イタリア語・コルシカ語の2言語使用から、フランス語・コルシカ語の2言語使用へと移行したのである。その際、3言語の共存という段階を踏んだ。言語間の相互干渉は、多様な道すじをたどった。それと相関して、社会言語学的な次元でも、変化はまったく同じくらい深かった。既存の言語体系の地位は、とりわけ最近数十年にわたって、大きく、重い結果をともなう改変をこうむった。

　コルシカがフランスに併合されたこととは乖離しているが、19世紀までは、コルシカにおける公用語、威信のある言語、文化的な言語の役割を果たしたのは「イタリア語」、すなわちトスカーナ語であった。そのことはジェノヴァの支配下でも変わらなかった。コルシカ語は、そのころまで書き記されることはなく、もっぱら土着言語として機能していた。イタリア語・コルシカ語の2言語使用は、その広がりは定義しなければならないものの、おそらく人口の一部にしかあてはまらなかった（大衆はもっぱらコルシカ語を使っていた）。これらの2言語使用は言語レヴェル[1]によって解釈できるものであった。そのつぎに、フランス語・コルシカ語の2言語使用が

来る。それは段階を追って定着し、いまでは、たいへん明確な
フランス語への偏重に達している。それと相関して、フラン
ス語は土着言語化している。一方、イタリア語はほとんど完
全に消滅し、もはや外国語としてしか教育されていない（少
なくとも、数十年前よりずっと少ない）。イタリア語は、もち
ろんイタリアからの移民の共同体の言語ではあり続けてい
るが、どのようなイタリア語の変種を話しているか（さらに
はどのような方言か）を明らかにしなければならない。19世
紀から20世紀にかけての移民の社会的地位、そしてとりわけ
第2次大戦のときのファシストの思想と結びついた〔イタリア
の〕領土回復主義が、イタリア語の消滅の過程を加速した。

　こんにち、フランス語化は完遂されているが、その度合い
はさまざまである。そしてこのフランス語化が、最後には方
言の消滅を含むことは明白である。しかし一方で、こんにち
もコルシカ語が保たれていることもまた、明白な事実である。
フランスの多くの地方で、方言が、完全に消滅しないまでも、
極度に制限されたいくつかの環境に追いやられている。しか
しコルシカでのコルシカ語の使用は、たいへんありふれてい
て、日常的で、一般的である。

　コルシカでは、コルシカ語とフランス語のそれぞれの実用
に関して、さまざまな度合いが現に存在する。そして、精密
な層序学的な研究だけが、何を考慮に入れるべきかを知るこ
とを可能にするであろう。図式的には、上方〔古い世代〕に、コ
ルシカ語の単一言語使用者で、フランス語を受動的に多かれ
少なかれ理解する能力を有する、消えつつある世代（その年
齢は都市からの距離によるが）を取り出すことができる。連

鎖の反対の端に、主に都市において、フランス語をはっきり
と母語とするが、そのフランス語の変種を調整することがで
き、音声的、統辞的、語彙的な次元で、たいへん強い「地域的」
な使用域を有する、という世代が見られる。この世代はとき
おり（いつもではないが）、理解することはできるが話すこと
はできないという、コルシカ語の「受動的な」能力をもってい
る。この世代においては、共同体への帰属の表われとして、
特に男性において、成人の「行動化」がなされることがあると
指摘されている[2]。それらの両極のあいだに、コルシカ語が母
語で、フランス語が「よそゆきの言語」、すなわちたいへん注
意のゆきとどいた、たいへん保守的で、修辞的で、もっぱら
学校での習得によって特徴づけられた言語である、という世
代が見られる。

　全体としていうと、単に最後の段階が遅れているだけで、
状況はフランスの多くの地方と類似している。最後の段階と
は、方言から地方フランス語への移行である。コルシカでは、
方言による会話は、明白な事実である。ただし、方言の後退
もまた、明白な事実である。

　最近20年ほどの政治的なできごととかかわり、コルシカ語
の社会言語学的な状況は、はっきりとした進展を経験した。
状況はつぎのように図式化することができる。往々にして当
初はコルシカ語話者の共同体とは関係をもっていなかった政
治的・文化的な一部の闘士たちにおいては、伝承されたコル
シカ語からは断絶し、フランス語に基づき、フランス語から
多くの音的、統辞的、語彙的な特徴を大幅に借用した、コル
シカ語の変種が発達している。この言語変種の保持者らは、

「伝承された」コルシカ語に比べて、その使用を大きく広げようとしている。コルシカ語が、国家語に認められるあらゆる機能を担うことができる、おとなが用いる言語、十全な言語である（そして、「方言」でも「地域語」でもない）ことを示さなければならないからである。そこから、技術的な語彙を錬成したり、メディアが国際的なニュースにコメントするのにコルシカ語を使ったりするといったことが出てくる。その結果、こんにちコルシカでは、「交叉した」言語変化がみられる。これまではコルシカ語からフランス語へという一方向的な変化があったが、いまではそれがフランス語からコルシカ語へという逆方向の変化とまじわり、媒介言語が土着言語になったり、土着言語が媒介言語になったりしているのである[3]。

II. 書きことばへの接近

現状では特に、標準語化と、書きことばへの移行の問題を提起している。コルシカ語は、書きことばよりはるかに古く活発な話しことばの伝統を有する。こんにちも記憶がじゅうぶん生きている口承文学は、即興が大きな位置を占め、多くのジャンルをもつ豊かなものであり、20世紀半ばまで、人びとの人生にリズムを与えていた。「フォーレ」は夜のつどいで語られる奇蹟譚、「スタルバドーヂ」は諧謔的な話、「チャーマ・エ・リスポンデ」は即興のかけあいである。子どもの生活を楽しませるのは、「ナンネ」（子守唄）、「フィラストロッケ」（かぞえ歌）、「ヂラトンデ」（円舞曲）などである。一方、葬儀には、「ヴォーチェル」、「ラメントゥ」（哀歌）がともなっていた。

それに対して、19世紀より前にさかのぼる、コルシカ語で書かれた文書はほとんど見られない。その時代までは、イタリア語が書きことばの変種の役割を果たしていて、コルシカ語は話しことばの変種であったことを思いおこさなければならない。教養のある階級に限られる威信的変種として役立っていたのもまた、イタリア語であった。したがって、コルシカ語とイタリア語のあいだには言語レヴェルの点で真の相補性があった。その相補性は、ふたつの変種のあいだの強い類縁性によっていっそう強められていた。19世紀半ばから、フランス語（フランス革命以降、公用語であったが、ほとんど知られず、用いられないままであった）が、イタリア語のかわりに課されるようになった。コルシカ語とイタリア語の対のこの断絶が、おそらく、コルシカ語の書きことばへの昇格をうながした。その断絶はまた、フランス語に対してのみならずイタリア語に対しても、コルシカ語の独自性の表明をうながした。

　実際、書きことばへの移行は、エットリによると、フランス語がイタリア語にとってかわったときから必要であることが明らかになった。エットリによると、「第2帝政時代から、書きことばがイタリア語からフランス語に徐々におきかわったことと、第3共和制の教育法制と、フランス本土からの移住ゆえに、フランス語が話しことばでも力を得たことは、相補性という状況を、もはや一方が他方の方言ではありえないふたつの言語の競合へと変えた。コルシカ語にとっては、消滅を決めるか、完全に全面的に書きことばとして自己主張するかのどちらかしかなかった。まさにこのディレンマにこたえる

際、19世紀末に、何人かの作家たちが、コルシカ語を書きことばにしたいという意思を明確にし、1896年には、コルシカ語で書かれたはじめての新聞、サントゥ・カザノワの『ア・トラムンターナ』が創刊されたのである」[4]。そして、それ以降の時期に、コルシカ語で書かれた書籍が出るようになった。両大戦間には、『ア・ムーヴラ』に作家や詩人たちが集い、彼らはたちまち人気を博した。しかし、彼らのうち何人もがファシズムに親近感をいだいていたので、戦後、彼らはながらく信用を失った。

Ⅲ. 変種の取り扱い

　書きことばへの移行と、のちになされたコルシカ語教育の段階的な一般化、公的な生活における諸分野への接近は、いやおうなく、方言の諸変種の問題を提起する。こんにちでは、この問題には断が下されたように思われる。地方教育監督局によると、「言語はその方言の総和であるという考え（『多規範的言語』）が必要である。一方で、作家や教員は単一の綴り字の規範に依拠する。これが、ときにあまりよく理解されていない独自性である。コルシカ語が『標準』をもたないのは、力量不足によってではなく、選択によってである」。しかしながら、方言の豊かさを保存することが夢想的であることも明らかである。それは変異（たとえば子音弱化、母音交替）のあまりにも概略的な分析に基づいており、しかも、ねらいとされる公衆の諸変種の総体についての明確に接近不可能な知識を、特に教員に関して、想定している。一般的に、ゆきつくと

ころは大雑把な妥協であり、このようないささか曖昧な態度
をもつ人たちと、そこに偽装されたアカデミズムがあると曝
露し、変異のなかにみずからの位置を十全に保とうとする人
たちのあいだでの論争は永遠に続くのである…。

第3章　言語的特徴

　ここでは、かならずしも網羅的ではないが、各変種を通して全体で働いており、コルシカ語全体のアイデンティティーを構成するものとして考慮に入れられるいくつかの特徴を指摘したい。各地方の変種はここでは言及するだけにとどめ、より詳細な接近は次章以降にゆずる。

Ⅰ. 音声学・音韻論

強勢のおき方

　コルシカ語は対照の機能を担う、すなわちほかの点では同一の連鎖を弁別できる、強さによる強勢〔ストレスアクセント〕をもっている。強勢は語末の音節（截語：macinà [matʃin'a]「挽く」）、語末から2つめの音節（平語：macina [matʃ'ina]「彼（女）は挽く」）、語末から3つめの音節（滑語：màcina [m'atʃina]「挽き臼」）におかれうる。語末から4つめの音節におかれることもあるが、これは語がふたつの後倚辞に後続された場合に限る。たとえば、dètimini [d'ɛtimini]「それをわたしにいくらかください」。deti [d'ɛti] + mi [mi] + ni [ni] と分析できる。

　強さによる強勢の実際の発音は力強い。頻繁に、強勢部分の前後を圧迫する現象を引き起こす。しかしこの強勢は、強さの点でも高さの点でも母音のはじめの部分に集中する。そのため、強勢母音の特徴的な音の変化、ある種の「滑奏法（グ

26

リッサンド)」を引き起こす。図式的にいうと、つぎのように
なる。強勢母音、たとえば [a] が、強勢ゆえに延長されるさま
を [aa] とあらわすと、cane「犬」という語は、イタリア人に
は [kaʼanɛ] のように発音されるが、コルシカ人には [kʼaanɛ]
のように発音される。実験が示していることであるが、この
韻律的な差異は、話者の出身地を同定する際に決定的である。
この点において、コルシカ語は標準イタリア語あるいはトス
カーナの変種よりも南イタリアの諸方言に近い[1]。あとでもみ
るように、強勢は母音の各音素の分布において重要な役割を
果たし、母音交替のメカニズムの基礎になっている。

母音体系

　強勢音節では、大部分の変種において、つぎのような7つの
母音音素を区別することができる。

/i/	/u/
/e/	/o/
/ɛ/	/ɔ/
/a/	

　たとえば、filu [fʼilu]「息子」、mele [mʼelɛ]「蜂蜜」、mela
[mʼɛla]「りんご」、malu [mʼalu]「悪い」、fola [fʼɔla]「寓話」、
sola [sʼola]「靴の中敷き」、mula [mʼula]「雌ラバ」。フランス
語やイタリア語との比較で、半閉母音 /e/、/o/ と半開母音 /ɛ/、
/ɔ/ がいずれも比較的狭めに実現すると指摘できる。前二者は
[i]、[u] に近づき、後二者はフランス語やイタリア語の [e]、[o]
に近い。

　コルシカ島の4分の1にあたる北東部では、第8の母音音素 /æ/ の出現がみられる。この音素は主として鼻子音または r ＋子音の前にくる /ɛ/ または /a/ の変異体に由来する。vene [b'ænɛ]「来る」、fenu [f'ænu]「干し草」、nanzu [n'æntsu]「前に」。これに対し、ほかの地方ではそれぞれ [b'ɛ̃nɛ]、[f'ɛ̃nu]、[n'ãntsu] となる。また、carne [k'ærnɛ]「肉」、vermu [b'ærmu]「うじ虫」、terra [t'æra]「土地」に対し、ほかの地方では [k'arnɛ]、[b'ɛrmu] または [b'armu]、[t'ɛra] または [t'ara] となる。この変異体の音韻化は、主に語尾切断を介してなされる。たとえば、te' [t'æ]「保て」と、tè [t'ɛ]「きみを、きみに」との対立がある。それに加えて、硬口蓋化の環境で、同じ変異体が現われる。bracciu [br'ættʃu]「腕」、piaghja [pj'æja]「平原」。そうしたわけで、この地方の強勢母音の体系は、こんにち、つぎのような8つの音素の一覧からなる。

/i/	/u/
/e/	/o/
/ɛ/	/ɔ/
/æ/	/a/

　そして、この地方出身の人びとの社会文化的な重みという理由で、この変種が〔コルシカ島全体に〕定着し、一般化してきていることを指摘することが重要である。その際、[æ] という母音がコルシカのアイデンティティーを示す標識として用いられる。

　非強勢位置では、母音の一覧ははっきりと少なくなる。コルシカ島の南半分では、つぎの3つの母音を含む。

$$/i/ \qquad\qquad /u/$$
$$/a/$$

　たとえば、a mula [a mˈula]「定冠詞＋雌ラバ」、u mulu [u mˈulu]「定冠詞＋雄ラバ」、i muli [i mˈuli]「定冠詞＋雄ラバ（複数）または雌ラバ（複数）」、a donna [a δˈonna]「定冠詞＋婦人」、i donna [i δˈonni]「定冠詞＋婦人（複数）」。

　北部では、非強勢母音の一覧はつぎのように、より豊かである。

$$/i/ \qquad\qquad /u/$$
$$/\varepsilon/ \qquad\qquad /a/$$

　たとえば、a mula [a mˈula]「定冠詞＋雌ラバ」、u mulu [u mˈulu]「定冠詞＋雄ラバ」、i muli [i mˈuli]「定冠詞＋雄ラバ（複数）」、e mule [ε mˈulε]「定冠詞＋雌ラバ（複数）」、a donna [a δˈonna]「定冠詞＋婦人」、e donne [ε δˈonnε]「定冠詞＋婦人（複数）」。強勢位置より前での [ε] の出現は比較的少なく、北東部に限られる。ferraghju [fɛrˈaɟu]「2月」、vergugnassi [bɛrguɲˈassi]「恥じる」など。それに対し、北部全体で、主に語末の [ε] は、形態論的に重要な機能を果たす（名詞、動詞の変化語尾）。

　最後に、狭い地域（コルシカ語の中東部）で、5つの要素をもつ非強勢母音の体系が見られる。

/i/	/u/
/ɛ/	/ɔ/
	/a/

　実際、この変種では、強勢より前の位置で、直前にみた体系の4つの母音に加えて、[ɔ]が現われる。collà [kɔll'a]「のぼる」、orechja [ɔr'ɛca]「耳」。そして、強勢以降の位置では、[ɔ]は ['e] との母音衝突の場合にしか現われない。つまり、['eɔ] という連鎖においてである。eo ['eɔ]「わたしは」、deo [d'eɔ]「神」。

鼻母音化

　コルシカ語は、地域差や社会階層の差に応じて、さまざまな態様、さまざまな度合いで、母音の鼻音化を示している。その鼻音化は、真の鼻母音の音韻化にまで至りうる。この問題は多く論じられてきた。エドモンとジリエロンによって『フランス言語地図コルシカ版』の一覧に記された鼻母音は、そこにインフォーマント側にも記述者側にもフランス語の影響があるとみなしたイタリア人研究者たちによって強く反論された。イッレデンティスモ〔イタリアの失地回復主義〕の要求に煽られて論争は過度に拡大した。そのゆきつく先は、エドモンとジリエロンが言語地図の刊行を中断したことである（4巻だけが刊行された）。それからは、コルシカ語に関する研究は、完全にイタリアの枠組みでなされた。しかし、こうした挿話と論争を超えて、こんにちでは、コルシカ語が鼻母音化をもっており、その鼻母音化はフランス語の鼻母音化とは起

源においても態様においても異なることは、確立された事実とされている。

　まず、鼻母音化は、たとえばつぎのような、鼻子音で終わる閉音節ではほぼ自動的に行なわれるが、それだけではない。monte [m'ǫntɛ]「山」、vende [b'ɛndɛ]「売る」、canta [k'ạnta]「彼（女）は歌う」。ponghe [p'ǫŋɛ]「ねずみ（複数）」、bene [bæ̃ⁿɛ]「よく」などのように、母音間の鼻子音の前でも後でもしばしば起きる。そしてこのすべてに、鼻子音の調音弛緩がともなう（この現象は別途、子音の弱化という現象全般のなかで探求するべきものである。後述）。

　現在コルシカでは、鼻子音のあらゆる度合いの弱化が見られる。個人的、状況的な変異がつねにありうるうえに（また、この現象は、こんにち、若者のあいだで、アイデンティティーの標識として用いられるという形で実現することを別にして）、はっきりとした地域的分布が抽出でき、それらは地層

ラテン語	中南部	北東部
-ŌNE	-oni [-'ɔni]	-one [-'ǫnɛ]
PŌNERE	pona [p'ɔna]	pone [p'ǫnɛ]
VĪNU	vinu [v'inu]	vinu [b'inu]
PANE	pani [p'ani]	pane [p'ạnɛ]
FŪNE	funi [f'uni]	fune [f'unɛ]
BRUN-	brunu [br'unu]	brunu [br'unu]

のような投影を形成しているのである。さまざまな地域からとってきた、いくつかの例によって、これらの類型を例証することにしよう。

・中南部では、鼻子音を弱化させず、それに先立つ強勢母音をほとんど鼻音化しない。
・北東部では、鼻子音を弱化させないが、強勢母音が開母音のとき軽く鼻音化する。
・南東部では、鼻子音を弱化させないが、たいへん強く母音を鼻音化する。
・北西部では、鼻子音をはっきりと弱化させ、母音をはっきりと鼻音化する。

　これらの事実を図式化すると、下の表のようになる。
　北西部のいくつかの地点では、鼻子音がまったく調音され

南東部	北西部	和訳
-one [-ˈɔnɛ]	-one [-ˈɔⁿɛ]	（接尾辞）
pona [pˈɔna]	pone [pˈɔⁿɛ]	置く
vinu [vˈinu]	vinu [bˈĩⁿu]	ぶどう酒
pane [pˈãnɛ]	pane [pˈãⁿɛ]	パン
funa [fˈu̯a]	fune [fˈũⁿɛ]	綱
brunu [brˈũnu]	brunu [brˈũⁿu]	褐色の

なくなり、消滅する。そして、母音が音素としての地位をもつ本当の鼻母音になる。[-ˈɔ̃]、[-pˈɔ̃ᵊ]、[bˈĩu]、[pˈāɛ]、[fˈũa]、[brˈũᵘ]。

　われわれの例に関して与えた転記についてつけ加えたいことは、いくつかの場合、鼻音化された母音と後続の母音のあいだに、軽い鼻子音的要素が現われ、その調音点は、母音の環境によって左右される。後舌母音の前後ではどちらかというと[ŋ]、前舌母音の前後ではどちらかというと[ɲ]である。しかしこの条件づけは予想可能というのからはほど遠い。ときには、ふたつの母音の移行を保証するのは、ある種の[ɔ̃]のような音であり、ときにはまったくの母音衝突になる。

子音体系

・そり舌音と硬口蓋音

　そり舌音[2][ɖ]は、ながらく註釈・記述の対象になってきた。1875年にファルクッチによって、のちにグワルニエーロによって報告され、この音は当初（正当にも）シチーリア語にみられる dd に比せられた。また、こちらも正当に、「英国人が street、treasure などというときに口腔で出す音」[3]とも似ているとされた。エドモンにより『フランス言語地図コルシカ版』で転記され、この音は1926年以来、ミラルデによって機器を用いた調査の対象となり、地中海の圏域での広がりが証明された。コルシカ、サルディーニャ、シチーリア、そして北アフリカである。したがって、（ミラルデはこの点で慎重ではあるが）〔ラテン語以前の〕基層の存在を考えることができる。ミラルデの研究は、（最近の研究でも確認されているとおり）[ɖ] [ɖɖ]のみが関係するのではなく、この実現は、「研究された諸地方における音声学をつかさどる、調音にともなう舌の後退と、可能な場合はそり舌化を帯びるという全般的傾向」[4]という総体的図式の一部をなすことを示したという利点がある。この意味で、そり舌音化は、コルシカ島の極南部のみに限られるものではないとするべきである。極南部は、[ɖ]または[ɖɖ]をもつ唯一の地方である。この実現は、[ll]、[ʎ]に対応するものであり、この点で注目に値する。cuddà [kuɖɖ'a]「のぼる」、taddà [taɖɖ'a]「切る」であり、これらは中・北部のcullà [kull'a]、taglià [taʎ'a]に対応する。しかし、より一般的な形では、そり舌音はコルシカ語のすべての方言にかかわるものであり、一群の音が舌尖、硬口蓋における調音をする[ɽ][l][ʂ]はフランス語、標準的イタリア語に比べて、〔調音点の〕接触の後方化と拡大をともなって発音される。[tʈ]、[dɽ]という音群、また特に[ʂʈ]、[ʂʈɽ]とう音群の調音は「コルシカ訛り」の主たる特徴である。現在では、若者において、これらの調音は、アイデンティティーの標識と感じられ、[ʃt]、[ʃtʀ]と再解釈されている。

また、コルシカ語音声学の記述で、伝統的に硬口蓋子音[c]、[ɟ]に注意が向けられてきた。それらは厖大な文献の対象となり、それらが果たした社会言語学的な標識の役割を含みうる（つねに標準イタリア語との対比で、そして正書法上の観点において）。たとえば、ファルクッチはつぎのようにいう。「コルシカの諸方言に共通の音がある。[...]島外の者はこれを発音できないが、たとえこの事例に適用可能でも、万人が賛同する文字がないので、わたしは頭をひねって、なるべ

く忠実にその音を写す文字の組み合わせを探した結果、それを ghji, chji と書くことにした。さまざまな語形変化で、g または c という子音に統率されるからである」[5]。1世紀ののちに、コルシカ語再生の祖とされ、総員の賛同が得られた、安定した綴り字を制定したとされる書物において、この独自性は強められ、特にこれらの音に特有の綴り字上の象徴を与えた。「われわれはふたつの独特の子音を、レッテレ・イントリッチアーデ (lettere intricciate、「入り組んだ文字」) と命名した。[...] 偉大な言語であるコルシカ語が独自の記号を用いることについて、だれもおどろかないと信じたい。コルシカ語がレッテレ・イントリッチアーデをもつのは、あたかもフランス語がセディーユを、スペイン語がティルデをもつようなものである」[6]。

これらの子音の調音は舌背を硬口蓋に広く接触させることで実現される。舌背と硬口蓋の閉鎖を解放するとき、頻繁に、きわめて特徴的な硬口蓋化した噪音が発せられる。解放の際の噪音が長引くと（硬口蓋はつねに破裂の際の噪音がほかより長いことが知られている）、閉鎖音から破擦音に容易に移行する。機器を用いた最近の研究は、この記述を裏付けている[7]。この硬口蓋閉鎖音がコルシカ語を標準イタリア語から隔てるとはいえ、一方でイタリアの圏域の数多くの方言にはこの音が存在するということを指摘すべきである[8]。

コルシカ語の子音体系は複雑で濃密である。その理由は、子音の弱化・強化の現象、地域的な組成、そして通時的な諸段階の共存である。言語地理学的・通時的ないくつかの側面はあとで敷衍するとして、ここでは体系の構成の主な特質を

提示する。つまり、まず厳密な意味での母音間の位置（形態素の境界は捨象する）で明確に打ち立てることのできる子音音素の一覧を提示する。つぎに、体系のより深い構造について概観するために、図表の形で、補足的な諸要素を統合してゆく。

中・南部では、母音間で、子音音素はつぎのように抽出できる[9]。

/p̄/, /t̄/, /k̄/, /c̄/, /k̄ʷ/	scappu [sk'ap̄u]「わたしは逃げる」、fattu [f'at̄u]「事実」、taccu [t'ak̄u]「かかと」、ma(c)chja [m'āc̄a]「マキ（灌木林）」、acqua ['ak̄ʷa]「水」
/p/, /t/, /k/	capu [k'apu]「頭」、fata [f'ata]「妖精」、acu ['aku]「針」
/b/, /d/, /ɟ/, /g/	babbu [b'abu]「父」、pedi [p'edi]「足」、aghju ['aɟu]「わたしは持つ」、pagu [p'agu]「わたしは支払う」
/f̄/, /s̄/, /ʃ̄/	paffi [p'af̄i]「尻」、passi [p'as̄i]「足どり」、fasci [f'aʃ̄i]「産着」
/v/, /z/, /ʒ/	muvra [m'uvra]「ムフロン（野生の羊）」、musu [m'uzu]「鼻面」、basgiu [b'aʒu]「接吻」
/t̄s/, /t̄ʃ/	pazzu [p'at̄su]「狂人」、facciu [f'at̄ʃu]「わたしは作る」
/tʃ/	face [f'atʃi]「彼（女）は作る」

/dʒ/, /dz/	pagina [pˈadʒina]「ページ」、 mezu [mˈedzu]「まん中」
/m̄/, /n̄/, /r̄/	mamma [mˈam̄a]「母」、 panni [pˈan̄i]「衣服」、tarra [tˈar̄a]「土地」
/m/, /n/, /ɲ/, /l/, /r/	amu [ˈamu]「つり針」、mani [mˈani]「手」、 magna [mˈaɲa]「彼(女)は食べる」、 palu [pˈalu]「杭」、caru [kˈaru]「親愛なる」
/β/(または/w/)、/j/	fava [fˈaβa]「そら豆」、 maiò [majˈɔ]「大きい」

　極南部では、/ɖ/ がこれに加わる。例：padda [pˈaɖa]「藁」。
　北部の諸方言では、子音体系の次元では、少なくとも当初の概略的なアプローチとしては、/p̄/, /p/, /b/ ; /k̄/, /k/, /g/ ; /t̄ʃ/, /tʃ/, /dʒ/ などの対立の段階の数が減る[10]。

scappu [skˈap̄u], capu [kˈabu], babbu [bˈabu]

taccu [tˈak̄u], acu [ˈagu], pagu [pˈagu]

facciu [fˈat̄ʃu], faci [fˈadʒi], pagina [pˈadʒina]

　これは、子音弱化の通時的現象の、共時態における結果である。その影響は、しばしばさらに重くなる。というのも、考慮される子音や地域によって、弱化がその極致に達することがあるからである。それに該当するのは、有声歯音であり、[d] から、さまざまな弱化した変異体を経て、ゼロにいたるまで変化しうるものである。例：pede「足」[pˈede]、[pˈeðe]、[pˈeðɛ]、[pˈeʷɛ]、[pˈeˡɛ]、[pˈeɛ]。
　体系の最も「完全な」状態を呈する中・南部の諸方言に戻

ると、より広い視点は、形態素の境界である語頭の位置（「弱い語頭位置」、「強い語頭位置」と呼ばれる[11]）をも考慮に入れるなれば、さらにつぎのような音素も包括する。/c/ : richjarà [ricar'a]「洗い流す」、/kʷ/ : a qualità [a kʷalit'a]「定冠詞＋品質」、/ḡʷ/ : agguantà [aḡʷānt'a]「つかまえる」、/ɟ̄/ : pà ghjocu [pa ɟ̄'oku]「たわむれに」、/ts/ a zappa [a ts'apa]「定冠詞＋つるはし」など。このように、少なくとも非共鳴子音〔閉鎖子音〕に関しては、つぎの図のような図式的構造を浮上させることができる。

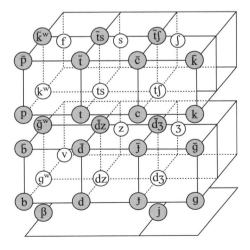

子音の相関関係

Ⅱ. 音韻論と形態論のインターフェイス

母音交替

　母音体系の構造は、すでにみたように、強勢位置から非強勢位置に移ると、体系が大きく縮減されることに基づいており、形態論的な構成を下支えしている。その構成は、少なくとも歴史的には、ほかのロマンス諸語でも確認されるが、コルシカ語ではとりわけ活発で、体系的であるという性質によって目立っている。それは母音交替の現象であり、強勢位置の移動（接尾辞の付加や屈折など）によって、強勢位置より前におかれるようになる母音の変更を引き起こす。

　たとえば、soma [sˈɔma]「総計、荷物」という語に関しては、つぎのようになる。

・ 接尾辞 -ere [ˈerɛ] の追加：sumere [sumˈerɛ]「荷役の動物、ロバ」
・ 接尾辞 -one [ˈɔnɛ] の追加：sumirone [sumirˈɔnɛ]「大きなロバ」
・ 接尾辞 -acciu [ˈattʃu] の追加：sumirunacciu [sumirunˈattʃu]「大きな、ろくでもないロバ」

　このモデルにしたがって、つぎのような派生名詞が構築されうる：fecatu [fˈɛkatu]「肝臓」＞ ficatellu [fikatˈellu]「腸詰め」、動詞の範列：corre [kˈɔrrɛ]「走る」＞ curria [kurrˈija]「彼（女）は走っていた」、more [mˈɔrɛ]「死ぬ」＞ murarà [murar'a]「彼（女）は死ぬだろう」。

　母音交替のしかたは、上記で抽出した音素の構成の図式にしたがっている。最も単純な図式はコルシカ島南半分の体系によってもたらされる。つぎのようなタイプの交替を示す。

- /i/, /e/, /ɛ/ > /i/ :
  filu [f'ilu]「糸」/ filà [fil'a]「紡ぐ」
  petra [p'etra]「石」/ pitricosu [pitrik'ɔzu]「石の多い」
  frescu [fr'ɛsku]「涼しい」/ friscura [frisk'ura]「涼しさ」
- /u/, /o/, /ɔ/ > /u/ :
  mula [m'ula]「雌ラバ」/ mulaccia [mul'attʃa]「粗悪な雌ラバ」
  dolu [d'olu]「喪」/ dulore [dul'ɔrɛ]「痛み」
  sole [s'ɔlɛ]「太陽」/ sulana [sul'ana]「山の南斜面」
- /a/ はそのまま：
  pace [p'atʃɛ]「平和」/ pacere [patʃ'erɛ]「仲介者」
  mare [m'arɛ]「海」/ marinu [mar'inu]「海の」

　より豊かな非強勢母音の一覧を示す地域では、この機構はその態様において若干複雑になるが、それは母音体系のより古い状態の痕跡をとどめている。これについては、のちに通時態のところで言及することになる。

子音交替

　コルシカ語では、語頭は、図式的にはつぎのような規則にしたがって実現する子音交替のメカニズムによって特徴づけられる。語頭子音は、ある場合は強い位置、ある場合には

40

弱い位置にあることになる。弱い位置とは、非強勢母音に先立たれている場合である。強い位置とは、それ以外のすべての場合、すなわち、強勢母音、休止、子音に先立たれている場合である。この分布の相補性が、所与の単位に対し、その単位がどのような環境のあとに現われるかに応じて、ふたつの変異体を引き起こす。たとえば、surella「姉妹」という単語が、a surella「定冠詞＋姉妹」というときには [a zur'ella]、trè surelle「3人の姉妹」というときには [tr'ɛ ssur'ellɛ] と発音される。cane「犬」は dui cani「2匹の犬」というときには [d'ui g'ani]、un cane「1匹の犬」というときには [uⁿ kk'ane] となる。この分布が、もちろん、それぞれの地域の子音の音韻論的構成と組み合わさる。たとえば、以下に示すのは北部における実現である。

/pp/、/b/	trè pani [tr'ɛ pp'ani]「3つのパン」、 u pane [u b'anɛ]「定冠詞＋パン」
/tt/、/d/	in terra [in tt'æra]「地上に」、 a terra [a d'æra]「定冠詞＋土地」
/kk/、/g/	à colpi ['a kk'ɔlpi]「打撃において」、 dui colpi [d'ui g'ɔlpi]「2度の打撃」
/cc/、/ɟ/	hè chjara ['ɛ cc'ara]「それは明らかだ」、 ùn hè micca chjara [unn'ɛ mm'ikka ɟ'ara]「それは明らかではない」
/bb/、/w/	hà vistu ['a bb'iʂʈu]「彼（女）はみた」、 hanu vistu ['anu w'iʂʈu]「彼（女）らはみた」

/dd/、/ð/	un dente [un dd'ɛntɛ]「1本の歯」、 dui denti [d'ui ð'ɛnti]「2本の歯」
/gg/、/w/	in gola [iⁿ gg'ɔla]「喉に」、di gola [di ʷ'ɔla]「喉の」
/ɟ/、/j/	per ghjocu [pɛr ɟ'ogu]「たわむれに」、 u ghjocu [u j'ogu]「定冠詞+遊び」
/gʷ/、/w/	in guerra [iⁿ gʷ'æra]「戦争において」、 a guerra [a w'æra]「定冠詞+戦争」
/gr/、/r/	hè granu ['ɛ gr'a̱nu]「それは麦だ」、 u granu [u r'a̱nu]「定冠詞+麦」
/mm/、/m/	à mamma ['a mm'amma]「母に」、 di mamma [di m'amma]「母の」
/nn/、/n/	hè natu ['ɛ nn'adu]「彼は／それは生まれた」、 era natu ['era n'adu]「彼は／それは生まれていた」
/ll/、/l/	à luni ['a ll'uni]「月曜に」、 u luni [u l'uni]「定冠詞+月曜」
/tts/、/dz/	sò zecchi [s'ɔ tts'ɛkki]「それらはマダニだ」、 una zecca ['una dz'ɛkka]「1匹のマダニ」
/ttʃ/、/ddʒ/	sò cimice [s'ɔ ttʃ'imidʒɛ]「それらはトコジラミだ」、 una cimicia ['una dʒ'imidʒa]「1匹のトコジラミ」
/ff/、/v/	sò fole [s'ɔ ff'ɔlɛ]「それらはおとぎ話だ」、 parenu fole [p'arɛnu v'ɔlɛ]「それらはまるでおとぎ話だ」
/ss/、/z/	hè solu ['ɛ ss'ɔlu]「彼は独りだ」、 era solu ['era z'ɔlu]「彼は独りだった」

　この子音交替のメカニズムはコルシカ島全域でみられるが、どこでも同等に明瞭にみられるわけではない。最近の研究は、子音交替が全般的に現われるというにはほど遠いことを示した[12]。しかしながら、それは強い象徴的機能を帯びており、子音の弱化とのかかわりで、アイデンティティーの標識とみなされている。

Ⅲ. 話しことばから書きことばへ
——コルシカ語の子音体系から綴り字への転記の体系

　ここでは、こんにち（ほぼ）全面的に有効な綴り字体系の歴史的・社会言語学的な側面には立ち入らない。むしろ、音と綴り字のあいだに機能的に成立し、比較的効果的に子音体系の音韻構造とこの点での地域間の対応を説明しうるような対応関係を分析する。

　一部の音素に関して見受けられる綴り字の変異体は、硬口蓋化の現象を示している。直後の文脈が i, e であるのか、a, o, u であるのかによって、文字素は相補分布をなしている。

　綴り字の体系は、最も多数の対立を表記する選択（とりわけ唇子音）に基づいており、それ以外の場合は「中和」によって推論されるようになっていることに気づくだろう[13]。

音素	書記素	単語例	南部	北部	和訳
/p̄/	pp	scappu	[skˈap̄u]	[skˈap̄u]	わたしは逃げる
/p/	p	capu	[kˈapu]	[kˈabu]	頭
/b/	bb	babbu	[bˈabu]	[bˈabu]	父
/β/	v	uva	[ˈuwa]	[ˈuwa]	ぶどう
/t̄/	tt	pettu	[pˈet̄u]	[pˈet̄u]	胸
/t/	t	fata	[fˈata]	[fˈada]	妖精
/d/	d	brodu	[brˈoδu]	[brˈoδu]	煮汁
/k̄/	cc	vacca	[vˈak̄a]	[bˈak̄a]	雌牛
	cch	secchi	[sˈɛk̄i]	[sˈɛk̄i]	乾いた (形容詞男性複数)
/k/	c	acu	[ˈaku]	[ˈagu]	針
	ch	achi	[ˈaki]	[ˈagi]	針 (複数)
/g/	g	pagu	[pˈagu]	[pˈagu]	わたしは支払う
	gh	paghi	[pˈagi]	[pˈagi]	きみは支払う
/k̄ʷ/	cqu	acqua	[ˈak̄ʷa]	[ˈak̄ʷa]	水
/c̄/	chj	machja	[mˈac̄a]	[mˈac̄a]	マキ (灌木林)
/ɟ/	ghj	maghju	[mˈaɟu]	[mˈaɟu]	5月
/t̄s/	zz	pezzu	[pˈet̄su]	[pˈet̄su]	破片
/dz/	z	mezu	[mˈedzu]	[mˈedzu]	まん中
/t̄ʃ/	cci	ciocciu	[tʃˈot̄ʃu]	[tʃˈot̄ʃu]	みみずく
	cc	ciocci	[tʃˈot̄ʃi]	[tʃˈot̄ʃi]	みみずく (複数)
/tʃ/	ci	piciosu	[pitʃˈɔzu]	[pidʒˈɔzu]	べたべたした
	c	dece	[dˈetʃi]	[dˈedʒɛ]	10

/dʒ/	g	pagina	[pʼadʒina]	[pʼadʒina]	ページ
	gi	raghjò, ragiò	[r̄aɟʼɔ]	[radʒʼɔ]	理由
/f/	ff	staffi	[stʼaf͡i]	[stʼaf͡i]	鐙 (あぶみ)
/v/	f	zifulà	[tsivulʼa]	[tsivulʼa]	笛をふく
/s/	ss	rossu	[r̄ʼɔs̄u]	[rʼɔs̄u]	赤い
/z/	s	cosa	[kʼɔza]	[kʼɔza]	もの
/ʃ/	sc	pesci	[pʼɛʃi]	[pʼɛʃi]	魚（複数）
	sci	pesciu	[pʼɛʃu]	[pʼɛʃu]	魚
/ʒ/	sg	basgi	[bʼaʒi]	[bʼaʒi]	接吻（複数）
	sgi	basgiu	[bʼaʒu]	[bʼaʒu]	接吻

　そして、このリストに、別の問題に及ぶためリストに現われていないつぎの事例をつけ加えることもできる。たとえば、書記素 r/rr（porru「ねぎ」は南部では [pʼor̄u]、北部では [pʼoru]）、そして語頭での b/v（vinu「ぶどう酒」と bonu「よい」は、南部では [vʼinu] と [bʼonu]、北部では [bʼinu] と [bʼonu]）である。

Ⅳ. 形態論

名詞の体系

　ここでも図式的に、北部と南部のふたつの地域を対比することで、すでに記述した音韻的な諸制約を組み合わせた、つぎのような分類を明らかにすることができる。

	北部			南部	
第1類	単数	複数		単数	複数
男性	-u [u]	-i [i]	男性	-u [u]	-i [i]
女性	-a [a]	-e [ɛ]	女性	-a [a]	-i [i]

	北部			南部	
第2類	単数	複数		単数	複数
男性	-e [ɛ]	-i [i]	男性	-i [i]	-i [i]
女性	-e [ɛ]	-i [i]	女性	-i [i]	-i [i]

例：

第1類		北部	南部	和訳
男性	単数	u pelu [u bˈɛlu]	u pelu [u pˈɛlu]	定冠詞+しっぽ
	複数	i peli [i bˈɛli]	i peli [i pˈɛli]	
女性	単数	a mela [a mˈɛla]	a mela [a mˈɛla]	定冠詞+りんご
	複数	e mele [ɛ mˈɛlɛ]	i meli [i mˈɛli]	

第2類		北部	南部	和訳
男性	単数	u mele [u mˈelɛ]	u meli [u mˈeli]	定冠詞+蜂蜜
	複数	i meli [i mˈeli]	i meli [i mˈeli]	
女性	単数	a carne [a gˈærnɛ]	a carri [a kˈarri]	定冠詞+肉
	複数	e carni [ɛ gˈærni]	i carri [i kˈarri]	

　最後にコルシカ地域全体に共通しているもうひとつの類を
つけ加えよう。その類は、つねに無変化の、截語（語末に強勢
のある語）からなる。

		北部	南部	和訳
男性	単数	u ballò [u ball'ɔ]	u ballò [u ball'ɔ]	定冠詞＋ボール
	複数	i ballò [i ball'ɔ]	i ballò [i ball'ɔ]	
男性	単数	u rè [u r'ɛ]	u rè [u r̄'ɛ]	定冠詞＋王
	複数	i rè [i r'ɛ]	i rè [i r̄'ɛ]	
女性	単数	a cità [a dʒid'a]	a cità [a dʒid'a]	定冠詞＋都市
	複数	e cità [ɛ dʒid'a]	i cità [i dʒid'a]	

　この分類に対して、いくつかの補足を加えるべきである。実際、あちらこちらで、語末母音の調音の弱化に基づく、復古的または改新的な構成が多くみられる。

　まず、[a] で終わる男性名詞が散在している。u pueta「定冠詞＋詩人」、複数 i pueti。そして、極南部では、ラテン語の中性名詞由来の男性名詞複数の [a] がみられる。u bracciu [u br'attʃu]「定冠詞＋腕」の複数 i braccia [i br'attʃa] は、こんにち発展し、広がってきている。というもの、この形は社会言語学的な主張の対象となっているからである。北西部のいくつかの地点では、[u] で終わる男性名詞の、[ɛ] という「女性名詞風」の複数形が一般化している。u linzolu [u lints'olu]「定冠詞＋シーツ」の複数形が e linzole [ɛ lints'olɛ] となる。また、中東部では、[ɛ] で終わる女性名詞の通常の複数形 [i]、たとえば a notte [a n'ottɛ]「定冠詞＋夜」の複数形 e notti [ɛ n'otti] にならって、[a] で終わる女性名詞に関しても複数形を [i] とする例、たとえば a casa [a g'aza] の複数形を e casi [ɛ g'azi] とするのが散発的にみられる。最後に、manu「手」という語

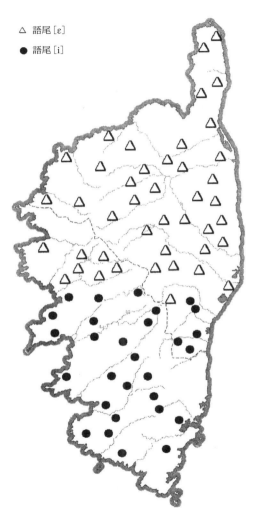

名詞の形態論：女性複数形語尾

は、単数で、つぎのような変異体を示す。a mana（コルシカ
岬半島）、a manu（北・中部）、a mane（中東部）、a mani（南
部）[14]。

　定冠詞の体系は、少なくとも語頭子音の前では、名詞の第1
類のモデルにならって、つぎのような形である。

	北部 単数	北部 複数
男性	u [u]	i [i]
女性	a [a]	e [ɛ]

	南部 単数	南部 複数
男性	u [u]	i [i]
女性	a [a]	i [i]

　しかし、語頭母音の前では、実現はどの場合も l' [l] という
形である。こんにちでは、lu [lu]、la [la]... という、より古
い形式は、文学的言語や固定表現を除けばほとんど用いられ
ない。古い形式をいまなお規則的に使い続けているのは、コ
ルシカ岬半島の尖端部だけである。

動詞の体系

　動詞のテーマ母音は、つぎの4つの主な類型に分かれる。

・第1類。cantà [kant'a]「歌う」のように、テーマ母音 -à ['a]
　をもつ動詞。この類は最も数が多く、最も生産的である。す
　なわち、外来語や新語（例：telefunà「電話する」）を含む。不
　定法は截語（語末に強勢のある語）であり、-à ['a] で終わる
　（語尾の -r は潜在しているが、もはや、いくつかの好都合な
　文脈でしか現われない）。過去分詞は -atu ['atu]、現在分詞

は -endu [ˈɛndu] である。

・ 第2類。finì [finˈi] または finisce [finˈiʃɛ]「終わる、終える」
のように、テーマ -ì [ˈi] または -isc [ˈiʃ] をもつ動詞。過去分
詞は -itu [ˈitu]、現在分詞は -iscendu [iʃˈɛndu] である。

・ 第3類。avè [aβˈɛ]「もつ」、vulè [vulˈɛ]「欲する」、pudè
[puðˈɛ]「できる」などのように、テーマ -è [ˈɛ] をもつ動詞。
語幹が不規則な動詞であり、閉じたリストを構成する。過
去分詞は -utu [ˈutu]、現在分詞は -endu [ˈɛndu] である。

・ 第4類。leghje [lˈeɟɛ]（南部では leghja [lˈeɟa]）「読む」、
dorme [dˈɔrmɛ]（南部では dorma [dˈɔrma]）「眠る」のよう
に、テーマ母音をもたない動詞。過去分詞は不規則であ
る。現在分詞については、ほかの地域では -endu [ˈɛndu] で
あるのに対し、極南部では母音 [ˈi] に特徴づけられる。た
とえば pienghja [pjˈɛɲa]「泣く」の現在分詞は、極南部で
は pienghjindu [pjiɲɟˈindu] となり、ほかでは pienghendu
[pjiɲɟˈɛndu] となる。

　これらの類に加えて、ロマンス語圏のほかのすべての地域
と同様、多くのテーマをもつ動詞（esse [ˈesːɛ]「ある」、andà
[aɲdˈa]「行く」）や、いくつかの不規則動詞がある。
　第1類は、ほかの類と、直説法半過去形の接尾辞が異なる。
島の大部分で -ava [ˈaβa]、極南部では -aia [ˈaja]、たとえば、
cantava と cantaia である。第1類はまた、-eghj [ɛɟ] という接

尾辞の出現によっても特徴づけられる。この接尾辞は、強勢の不可能性を解決するために現われると思われる（たとえばつぎの例では、接尾辞 -ul には強勢がおけない）。penciulà [pɛntʃul'a]「うとうとする」、penciuleghja [pɛntʃul'ɛʝa]「彼（女）はうとうとする」。ときには、この接尾辞は、接中辞 -g と競合することがある（ちなみに、こちらは強勢の都合がある範列に限られず、より一般的に、1 人称単数において、n, l, r で終わる語幹にかかわる。piengu「わたしは泣く」、vengu「わたしは来る」）。特に、新しい外来語のとき、両者が競合する。telefunà「電話する」に対して、「わたしは電話する」は telefongu と telefuneghju がある。

　第 2 類は、-i ['i]、-isc ['iʃ]、['isk] で終わる動詞を含むが、後 2 者の分布は文脈依存であり、[k] を含む形は後舌母音の前に現われる（finiscu [fin'isku]「わたしは終える」に対し finisce [fin'iʃɛ]「彼（女）は終える」）。〔-isc をもたない〕「短い」形と〔-isc をもつ〕「長い」形の分布は、強勢の図式に属している。[ʃ]、[sk] は、時制・叙法の接尾辞や、活用語尾のなかに強勢がくるときは現われない（finiscu [fin'isku]「わたしは終える」に対し finimu [fin'imu]「われわれは終える」）。

　第 4 類はたいへん多様な源泉からきており、テーマ母音がないため、語根の統一感がない。したがって、大幅な変化可能性という特徴をもつ。とりわけ過去分詞に関して不規則である。vena [v'ɛna]「来る」の過去分詞は vinutu [vin'utu]、dorme [d'ormɛ]「眠る」の過去分詞は durmitu [durm'itu]、leghje [l'eʝɛ]「読む」の過去分詞は lettu [l'et̄u]、parte [p'artɛ]「出発する」の過去分詞は partitu [part'itu] または partutu [part'utu]、pone [p'ɔnɛ]「置く」の過去分詞は postu [p'ostu]、など。この類は -ia ['ija] によって半過去形が形成される。durmia [durm'ija]「眠っていた」、sintia [sint'ija]「感じていた」、vinia [vin'ija]「来ていた」。

　すべての類が、条件法の形成に関して、南北で違いがある。北部では、不定法のあとに、-ebbe ['ɛɓɛ] をつけた形を基礎としている。cantarebbe [kãntar'ɛɓɛ]「歌うだろう」、saperebbe [sabɛr'ɛɓɛ]「知るだろう」、durmerebbe [durmer'ɛɓɛ]「眠るだろう」。これに対して、南部では、-ia ['ija] をつけた形が優勢である。cantaria [kãntar'ija]、saparia [sapar'ija]、durmaria [durmar'ija]。ひとつめの形は、概略的には、「不定法＋単純過去形」（CANTARE ＋ HABUI）に由来し、ふたつめの形は「不定法＋半過去形」（CANTARE ＋ HABEBAM）に由来する。しかし両方を用いる場合も少なくない。

　人称・数の語尾に関しては、テーマ母音をもたない動詞は、すべての地方で、1人称複数で -imu ['imu]、2人称複数で -ite ['itɛ] という語尾をとる。たとえば、durmimu [durm'imu]、durmite [durm'itɛ]。一方、-è ['ɛ] で終わる動詞については、sapimu [sap'imu]、sapete [sap'itɛ] とする北東部と、sapemu [sap'ɛmu]、sapete [sap'ɛtɛ] とするそのほかの部分で異なる。コルシカ南部は、-à ['a] で終わる動詞の1、2人称複数で ['ɛ] という母音を出す。cantemu [kãnt'ɛmu] または cantemi [kãnt'ɛmi] ならびに canteti [kãnt'ɛti]、femu [f'ɛmu] または femi [f'ɛmi] ならびに feti [f'ɛti]。それに対し、北部は全域にわたって、1人称複数は -emu ['ɛmu]、2人称複数は -ate ['adɛ] となる。cantemu [kãnt'ɛmu] または cantemi [kãnt'ɛmi]、 cantate［kạnt'adɛ］、femu［f'ɛmu］、fate［f'adɛ］。

　ごく概略的なこの記述だけでも、たいへん明確な地域的な特質の存在がはっきりするに違いない。たとえば、たいへん限られた地域（コルティの市内）では、-imu［'imu］という語尾が第1類の動詞にまで広がっている。cantimu［kant'imu］「われわれは歌う」。やはりたいへん限られた、島の北西部の地域では、第1類の動詞の3人称単数が -e［'ɛ］になる。cante［k'ạntɛ］「彼（女）は歌う」。ほかにも、2人称単数の語尾は全般に -i［'i］であるのに対し、中東部の狭い地域では直説法現在および単純未来を除いて -e［'ɛ］になる。beiie［bɛj'ijɛ］「きみは飲んでいた」、chè tù beie［ke ttu bb'ɛjɛ］「きみが飲むこと（接続法現在形）」、beiereste［bɛjɛr'ɛstɛ］「きみが飲むだろう（条件法現在形）」。ほかにも多くの特徴がこの地域にはあるため、この方言の活用語尾は、古トスカーナ語に結びつけられる。いっそう特殊なほかの特徴については、地域別の研究で見ることになる。

V. 統辞論

　ここでは、詳細な統辞論的記述を行なうのは、本書の目的からも射程からも外れる。せいぜい、類似の言語的変種との対照をなす価値をもちうる点を、おおまかにいくつかあげることしかできない。

・非人称の表現は、コルシカ語では、ふたつの異なる方法でなされる。島の北部では、不定代名詞 omu［'omu］（ラ

テン語 HOMO に由来）を用いる。Omu sà chì... ['omu z'a
kki]「ひとは...ということを知っている」。南部では、Si sà
chì... [si z'a kki]「...ということが知られている」がよく使わ
れる。

・接語代名詞の連鎖で、コルシカ語では一般に対格＋与格の
　順が見られる。a ti dicu [a ti d'igu]「わたしはきみにそれを
　言う」、dillami [d'illami]「それをわたしに言え」。a [a] ま
　たは (l)la [(l)la] という女性形代名詞が、中性代名詞とし
　て用いられる。しかし、都市ではこの順が逆になる。たと
　えばアヤッチュ〔アジャクシオ〕では ti la dicu [ti la d'iku]、
　Dimmila [d'immila] となる。

・他動詞構文において、有生（人間）の目的補語は、前置
　詞 à [a] に先立たれる。Chjamu à Ghjuvanni. [c'amu a
　ɟɟuw'anni]「わたしはデュワンニを呼ぶ」、À quale chjami?
　[a kkʷ'alɛ ɟ'ami]「きみはだれを呼ぶのか」。

・時制の照応について、最も通常の用法の領域に関しては制
　限がみられる。接続法を用いる従属節で、主節の時制が現
　在であろうとも過去であろうとも、ひとつの時制しか用い
　ない傾向がある。その際、注目すべきことは、現在・過去の
　中和が、過去形を採用する形でなされるということである。
　Ci voli chè mi svighjessi. [tʃi w'oli kɛ mi zviɟ'essi]「わたし
　は目をさまさなければならない（接続法半過去形）」。

54

・従属について。まず関係節において、格を表示する関係詞より、ときに前置詞で補われる、単純な関係詞を優遇する表現に気づく。u paese induve tu si natu「きみが生まれた村」〔場所の関係詞 induve を用いて〕というより、u paese chì tu ci si natu「きみがそこで生まれた村」〔単純関係詞 chì と場所副詞 ci を併用〕という。しかし、フランス語の影響で、induve を用いる形が現在では増えてきている。

　また、独立節では主語代名詞は省略されるのに対して、全般に従属（関係節でも補足節でも）は、従属節のはじめに主語代名詞の存在を要求する。vene「彼（女）は来る」に対し、dice ch'ellu vene「彼は来ると言う」。また、vedi「きみは見る」に対し、l'omu ch'è tu vedi「きみが会った男」。最後の例で、ch'è の連鎖は、chi e(t) と分析される。すなわち、後続する語頭子音を強める働きのある接続詞 è（＜ラテン語 ET）によって、関係詞が強められているのである。このような手段は、ほかの従属接続詞にも拡張されている。com'è tu voli「きみのしたいように」、s'è（＝ si è）tu sapissi「もしきみが知っていたら」など。
　これらの特徴すべてが、もちろん、絶対的な独自性というわけではなく、ロマンス語圏に多くの広がりがある。それらの特徴は、言語変化の諸段階や、イタリア半島部、ならびに島嶼部のローマ圏の特定の圏域に対応している。それは、コルシカ語にアイデンティティーを与えた「るつぼ」のなかでの、諸特徴の総括（体系への、あるいは体系の体系への昇格）なのである。

VI. 語彙論

派生と語形成

特に、派生による語の創造をつかさどる自由度の大きさに気づくだろう。とりわけ、接尾辞添加はたいへん盛んで、多くのニュアンスを可能にする。一方、接尾辞を組み合わせることで、順次なされる複数の派生が可能になる。

たとえば、casa「家」から、casetta「小屋」、casuccia「かわいらしい家」、casellu または casella「家畜小屋」といった縮小のさまざまな意味をともなう語を作ることができる。また、casone「大きな家」、casarone「倉庫」、casaccia「みすぼらしい家」といった拡大または蔑称の語を作ることができる。接尾辞の付加が、強勢位置の移動、そして母音交替の規則の適用を引き起こすことを思いおこそう。rena「砂」> rinozu「砂地の」、petra「石」> pitricaghju「石の多い」> pitricaghjolu「石の多い土地の人」。

コルシカ語には、ほかのイタリア語圏の方言（ピサ方言、民衆的トスカーナ方言、南イタリア方言など）と同じく、一定の独自性を示す語形成の方法がある。最初の要素が「関係補語」〔あとにくる述語が何との関係で述べられているかを示す語〕であるような合成語の場合である。この語形成の方法は自由であり、たとえば nasitortu「鼻の曲がった」、manimozza「手のない」、pedigrisgiu「足が灰色の」、capellirossu「赤毛の」、ochjistrambu「斜視の」などを作ることができる。一方、語彙化した、より安定的な合成語 pettirossu「アカハラ（鳥）」、

capinera「頭の黒い（シジュウカラ）」などもある。われわれが
示したように[15]、合成語の第1の要素の最後に現われるiは、
なんらかの変化語尾として分析されるべきものではなく、合
成語のふたつの形態素の境界を示す「ゼロ母音」として解釈
されるべきものである。しかもその点は、ふたつの形態素の
統辞的関係がどのようなものであろうとも、結果的に出てく
る合成語の統辞的カテゴリーがどのようなものであろうと
も変わらない。すでに引いた形容詞的価値をもつ合成語のほ
かに、同じモデルに基づいて、名詞＋形容詞に由来する合成
語の名詞もある。portivechju「旧港（都市名）」〔< portu「港」+
vechju「古い」〕、capicorsu「コルシカ岬」〔< capu「岬」+ corsu「コ
ルシカの」〕、pratitondu「丸い蹄鉄」〔< pratu「蹄鉄」+ tondu「丸い」〕
これらの内部での統辞関係はもちろん同じではない。あるい
は、ほかのタイプとして、動詞＋名詞に由来する名詞もある。
battifocu「火打ち石、ライター」〔< batte「打つ」+ focu「火」〕。

層位化

・ピサの層

　どの場所とも同様、層位化は、ほかの何よりも、歴史に対
応している。中世におけるピサの層の重要性についてはすで
に述べた（第1章）。その層が、コルシカ語を「周辺的地域のト
スカーナ方言」に結びつけるのであり、同時に、近代の標準
イタリア語から隔てるのである。ロルフスは affacassi「のぼ
る」というコルシカ語の単語が、エルバ島にもみられると指
摘している。また、brusta「熾火」はピサとシエナにみられ、
cataru「鍵」がルッカにみられ、catellu「動物の仔」が、veculu

「ゆりかご」（イタリアでは giecolo）と同様、ルニジャーナ方言に残っている。crassera「明晩」、eddima「週」（mezeddima「週のまん中」、つまり「水曜日」）がコルシカ語で残っているのは、たしかに、聖遺物のような形でではあるが、中世のトスカーナのテクストに関連づけられる。トスカーナ人によってコルシカに運ばれてきたゲルマン語の単語である valdu「森」は啓示的である。この語はこんにち、イタリア語では、広く地名として使われている固定表現としてしか存在しない。コルシカ島では、北部において、やはり固定表現と化している（フランス語・コルシカ語混合の forêt de Valdu Niellu、文字どおりには「黒い森の森」という同義反復的な呼び名がその証拠である）が、南部では、valdu はいまでも普通名詞として盛んに使われている。

　また、語彙的保守主義と動的な進化の両方を明らかにする展望から、古くは非特定的であった辞項が意味的に特定化されることに注目しよう。a stazzona, u stazzunaghju は、コルシカ語では、「鋳造場」、「鍛冶屋」を指すありふれた語である。本来は単に「停留所」、「場所」、「拠点」の概念を指示していたが、ラテン語の段階ですでに、「店」という意味への特定化を始めていた。しかし、ありふれているようで、独自でもある「鋳造場」、「鍛冶屋」への指示は、実はロマンス語圏全体でコルシカ語だけである[16]。「パンを作るために寝かせ、酵母でふくらませる生地」という、こんにちでは古びた現実を指す辞項に関しても同様である。こんにちでは判別しがたい、rruime, rnuimi, nuvirme, nuvimme, ornuime, rinuvime, arnuvime... といった形式のもとで、単に（歴史音韻論が明

快に説明するとおり）ri-nov-ime「更新、または更新に役立
つもの」を再構築するべきである（語源学者サルウィオーニ
は、ラテン語 LEVAMEN の末裔をそこに見ている）。この同
じ保守主義／改新の展望から、「亀」の呼称に注目していただ
かなければならない。北部に属する近代的ないし文学的呼称
（tertucula, testughjine）をわきにおくと、コルシカ島中東部の
きわめて限られた地域で、古トスカーナ語以来の保守主義に
よって目立つ、bizzuva, bizzola という形式がある。この形式
は不透明にみえるが、実際にはトスカーナ北部（bizzuca）や
エルバ島（pizzuca が特に「ウミガメ」を指す）のいくつかの孤
立した形式と結びついている。これらの呼称は、単にラテン
語の BESTIA「動物」にさかのぼり、コルシカ語がもつ、「亀」
を指すほかのふたつの形式をも説明しうる。実際、こんにち
島の中南部にみられる cappulata, cuparchjata を、換喩的な省
略を介して説明するのが適切である。すなわち、a（bizzuva）
cuppulata, a（bizzuva）cuparchjata のように、ふたつの表現は
互いに摸倣的である。cuppulata, cuparchjata は「蓋に覆われ
た」、「屋根に覆われた」という意味であり、完全にローマの圏
域での創造である[17]。

　そのうえ、コルシカ島でもほかでも、最も注目すべき語彙
的創造性がみられ、民衆的な動機づけ、不透明化、再動機づ
けがほかのどこよりも働いているのは、日常生活や直接的環
境の領域、すなわち、すぐれて土着言語がもっぱら用いられ
る領域である。いくつかの言語的領域は、とりわけ民衆的な
想像を前提とし、おそらく往年の魔術的・宗教的な信憑を証
拠立てている。たとえば「てんとう虫」がこれにあたり、場

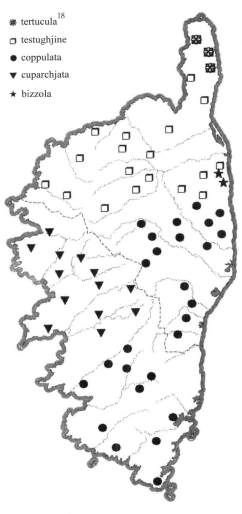

亀の呼称

所によって詩的な呼称がある。Ciriola, cinciriola, ciattariola, bulellu, bolellucciu, bulabulella, barabulella, viola, bella viola, figliola, signurella, duvinellu, induvinella, capitu mantellu, mulinella, madunina, spusatella, santa lucia, catalina, catalinetta, mumù di u nostru signore, san martinu, gallina di u signore, fasgianella, prunicella, cuchjarella d'oru... これらの辞項はすべて、かぞえ歌や、短い決まりことばを作るものであり、てんとう虫の旋回した飛び方を喚起したり、てんとう虫が結びつけるという「彼岸」への関係を喚起したりする。

・ジェノヴァの層
　すでにみたように（第1章）、ジェノヴァの存在は、強い言語的寄与にはつながらなかった。しかし、語彙の部門は、かなりはっきりと特徴づけられている。海に関する語彙は、かならずしもジェノヴァの「政治的な」存在を指し示しているのではなく、より一般的に、人びとの海での往来にかかわっており、コルシカ全体において、トスカーナ（リヴォルノ）またはカンパニア由来の語彙や、地域の語彙と共存している。たとえば、「オオカミ」は、海岸部の多くの地点で ragnola と呼ばれているのに対し、ジェノヴァの存在が強かった港湾では、ラテン語 LUPĀCEU のジェノヴァ的な取り扱いである livazzu, lavazzu, luvassu... などの名詞をとっている。また、「ウニ」をあらわす zinu（およびその変異体）をあげることができる。これは (E)CHINUS のジェノヴァ的な取り扱いである。さらには、zerrulu「長鯛だまし」や、spinarolu「サメの一種」、gatuzzu「トラザメ」、cagnazza「サメの一種」は、接尾辞

が〔ジェノヴァという〕出自を明かしている。

・フランスの層

　それに対し、フランス語は19世紀以来、さまざまな点でコルシカ語に影響を与えた。実際、現在の語彙はフランス語によって強く特徴づけられている。それはコルシカ語の使用の後退にともなう「フランス語法」（ガリシスム）の制御されない闖入であることも、古い語彙が欠けている分野で言語の「装置」によって同意のもとになされた行為であることもある。

　第1の典型例は、ながらく前からよく知られている。たとえば、19世紀の半ばから、teme「恐れる」のかわりに cregne を用いる（こんにちもなお不正確と感じられている）用法が指摘されている[19]。1932年には、大部分がイタリア語で書かれた辞書の著者である P. T. アルフォンシが、「われわれの方言のさまざまな話しことばに導入されたあらゆるフランス語法を収集すれば、ベネディクト会修道士に震撼をもたらすことだろう」と書いている。そして、『フランス語法集』で、直接フランス語から入ってきた約200の語を摘示している。ammusassi「楽しむ」、apparegliu「機器」、applattitu「平らな」、blaga「冗談」、burò「事務所」、duana「税関」、invaitu「侵略された」、rigrettu「悔恨」、suagnà「世話をする」、など。それ以降、この種の語は流行し、把握されたフランス語法のリストと、コルシカ語の表現の提案が、教科書やメディアで重要な位置を占める。

　最近の数十年では、想像できるとおり、コルシカ語の実用

の消失にともなって、状況はさらに悪化した。しかし、(これ
が先に言及した第2の典型例であるが)アルフォンシ神父とは
正反対の態度が出てきた。アルフォンシは(イッレデンティ
スモの時代のただなかであったことも事実だが)「われわれの
先人にとって未知だった事物をあらわすために、方言に用語
が見あたらない場合、わたしはためらいなくイタリア語から
とる。われわれの方言の性質はそれを求めている」と書いて
いたが、現代の辞書記述者は、新語創造の基盤として、明示
的にフランス語を好んでいる。彼らはそのようにして、コル
シカ語とイタリア語を「最大限遠ざける」という戦略をとっ
ている。肩入れの程度はさまざまであるが、コルシカとイタ
リア国家を近づけることを推奨する人びとの態度とは一線を
画し、コルシカ語の独自性と、国民的言語としての地位への
接近を称揚するものである。この戦略は、たとえばティエル
によって表現された、つぎのような分析に基づいている。「19
世紀の最後の数十年まで生き残った、トスカーナ語とコルシ
カ語の、ファーガソンのいう2言語併用に続いて、フランス語
とコルシカ語の2言語併用が現われ、そのあと、B言語〔低変
種、ここではコルシカ語〕の言語的不全による消失、そして1970
年代における改新が続いた。こんにちでは、コルシカ語は、2
言語併用の図式の移行のなかで、言語的独立をかちとったと、
かなり一般的に認められている。イタリアの『屋根』から脱け
出て、コルシカ語は、今度は開花と生き残りのための道具を
作りあげるよう求められている」[20]。このコルシカの社会言語
的状況の分析は、クロスによって整備された「(言語の)造成」
や「民衆の意思」にかかわる諸概念に特に依拠している。これ

らの概念は、ロマンス語圏には、Ž. ムリャチッチによって広められ、適用された[21]。かくして、この分析は、「言語の開花のために決定的と考えられる領域への接近によって、ある言語変種を昇格させることと、制度的正当化をする組織や、あるいは単なる常識によって、その変種を承認すること」の明確化を可能にする。「造成」は「民衆の意思」や「話者による当該言語の弁別特徴の決定」をその「象徴的なよりどころ」[22]とする。

コルシカ語とイタリア語の懸隔化と、過度で統制されないフランス語化が起こす危険の問題は、周期的にコルシカの論壇にあげられてきた。最近、コルシカ語・イタリア語・フランス語辞典の出版が引き起こしたのは、辛辣とはいわないまでも、まことに情熱的なメディアでの議論であった。その辞書の著者は、(1970年代にはコルシカ語の開花の闘士のパイオニアのひとりであったが) 曖昧性なく、コルシカ語が生き残るにはイタリア語に接近しなければならないと断言している[23]。「滋養をもたらす文化からの、意図的で切断的、自傷的な遠ざかり」のあとに、こんにちのコルシカ人にとって、土着言語を再活性化するという利益そのもののためには、「彼らの文化の鍵であるとともに、顕著な文明の表現であり、彼らが置かれている経済圏のなかでの交流の道具である、彼らの歴史的言語の習得」が続くべきであるという。

第4章　方言区分の基礎

I. チスモンテ・プモンテの区分

　後述のブニファーツィウの〔方言的〕孤島を例外とすれば、比較的南北が統一されているものの、コルシカは、あらゆる「自然な」、すなわち公的な規範に従属していない言語的圏域と同じように、少なからず方言に分かれている。コルシカ内部での方言的変異は現在、そこに標準語化に反対する論拠をみようとする一部の人びとには過大評価されており、フランス語やイタリア語に対して差異を言明しようとし、コルシカ内部での差異を保持することには気をつかわないほかの人びとには過小評価されている。しかしその差異は明白な事実であり、記述し、計量し、理解することが適当である。われわれはまず、それに対して与えられたさまざま理解のしかたを短く紹介し、そのあと、新たな提示法を提案する。

　コルシカをふたつに分ける見方を最初に提案したのは、パパンティが率いたイタリア語諸方言に関する論集[1]に F. D. ファルクッチが書いた「コルシカ」という記事である。基本的にイタリア中心主義であり（すなわち、「内部地帯」と「外部地帯」という「直示語」が示すように、言語的にはトスカーナ中心主義である。また、イタリア半島からみて「山のこちら側」（チスモンテ）と「山のあちら側」（プモンテ）という用語が、伝統的にくり返し言われてきた）、この見方は、ファルクッチの出身地である北部に関してはより微細な分けかたを提案して

いるものの、南部については、深い無知と、あまりに遠くから
見ているために、明らかに異なる諸変種をひとまとめに扱っ
ている。ファルクッチに続いて、そして著者によって論拠の
整備や適切性に差はあるが、コルシカをふたつに分ける見方
は発展し、根づいていった。その境界は曖昧で可変的であり、
トスカーナとサルディーニャというふたつの極の設定によっ
て説明される。コルシカ北部方言は、多数派であり、トスカー
ナ方言（「最も純粋」で、保守的で、あるいは逆に、植民地化の
言語とみなされる）と密接に結びつく。コルシカ南部方言は、
少数派で、多かれ少なかれ明確にサルディーニャ方言と関連
づけられる。まさにそんなふうにして、グヮルネリオは問題
を取り扱っているのである（直接の調査からきた事実ではな
く、ファルクッチによってもたらされた事実に基づいている
ため、不確かな事実に立脚してではあるが）。当初は厳密に言
語的な基準に基づくことに躊躇したため[2]、彼はコルシカ南部
方言とガッルーラ方言に密接な関連があることを認めながら
も、両者を分離し、コルシカ語全体をトスカーナ方言に、そし
て、ガッルーラ方言を、彼が十全な言語と認めるサルディー
ニャ語に結びつける。しかし、のちの論文[3]では、彼は考察対
象の諸方言の連続性と、ガッルーラ方言とコルシカ南部方言
の果たす推移的な役割を強調している。「サルディーニャ語は
独立した言語的グループをなしており、その基本的な典型は
ログドーロ方言である。そこから、カンピダーノ方言に向け
て南方に下がって、シチーリアの諸方言につながってゆく。
そして北方では、サッサリ方言、ガッルーラ方言につながる。
ガッルーラ方言は、海峡をわたってコルシカ語につながり、

プモンテ方言からチスモンテ方言へとつながる。チスモンテ方言はイタリア諸方言、より正確にはトスカーナ諸方言に属する」。

1910年にデータの総括を行なったブルシエーズによると、「サルディーニャ島北部では、ガッルーラ方言が直接、コルシカ南部諸方言と結びついている。しかし、コルシカ南部諸方言は、島のほとんど3分の1しか占めておらず、アヤッチュ〔アジャクシオ〕以北では、コルシカ諸方言はトスカーナ方言と緊密な類縁性をもっている」。同様に、1916年には、ベルトーニがつぎのように記している。「コルシカはふたつの部分に分かれる。そのうち、北部（チスモンテ）方言が南部（プモンテ）方言をその広がりにおいてはるかにしのいでいる。人口の約3分に2によって話されている真のコルシカ方言は、まさにチスモンテ方言である［...］。プモンテ方言は、サルディーニャ語の体系に登録できる」。

続いて、はるかに確実な事実に基づいて、ボッティリオーニ[4]がみずからこの2分法を受け継いでおり（「北部方言と南部方言の境界の画定が、わたしの研究の第1の対象であった」）、その2分法を地理的にも言語的にも明確に基礎づけようとした。南部方言と北部方言の「ちょうつがい」を求めて彼が島内で行なった調査は、（『イタリア版コルシカ言語・民族地図』（ALEIC）[5]の基礎となるものを与える）確かな言語的事実を入手させたが、さまざまな理由で、説得的に「ちょうつがい」を明らかにはできていない。

メリッロ[6]の著作では、コルシカの言語的分割についてより新しい状態を見ることができる。そこでは、ふたつの地図が

隣りあって現われている。ひとつは ALEIC から引用された地図であり、プモンテ・チスモンテのふたつに分かれた構造化を示している。2枚めの地図は、メリッロ自身の調査から出てきたもので（ALEIC をもとにしているが、増補され、分析されている）、4つの地帯を分けている。最南端に最も古風な方言の地帯、反対の端にトスカーナ的な方言の地帯があり、それらのあいだに、南北にふたつに分かれた推移的な地帯がある[7]。

ファルクッチを受け継いで発展させられた見方は、もちろん、根拠がないわけではない。歴史的、地理的な、ある程度のデータに裏付けられ、話者の言語的意識（その画定はつねに変動するものであるが）を多少なりとも正確に網羅し、〔方言差を示す〕標識の機能を与えられたいくつかの特徴的要素に依拠しうる。しかし、われわれが示したように[8]、この図式化は、いっそう詳細な研究にたえるものではない。より微細な調査をすると、たとえば、子音の弱化のように共通して認められている基準さえ、より深い検証にたえないということが明らかになる。しかも、同義とされるさまざまな語彙が、おおよそ重なり合わないということがある。

この見方はおそらく、方言的現実の空間的、歴史的、文化的な再構成を証言するものである。その現実はほかの基盤に基づいて構成されたものであり、その基盤の性質は、こんにちでは、われわれが直接知りえないものである。この点については後述する。しかしながらこの見方は、考慮に入れ、例証するに値する。

北部と南部を隔てる多くの特徴のなかから、引き合いに出

68

すことができるのは、（第1に、そして一見したところ）子音の
弱化である。図式的には、北部の方言では、語頭（弱い位置）
でも語中でも、あらゆる母音間の子音が弱められる。すなわ
ち、有声化、摩擦音化、さらには無音化である。実例を思いお
こそう。u pede「定冠詞＋足」は南部での [u pˈedi] に対し、北
部では [u bˈeðɛ] さらには [u bˈeɛ] となる。u capu「定冠詞＋
頭」は南部で [u kˈapu]、北部で [u gˈabu] さらには [u ɣˈabu]、
u basgiu「定冠詞＋接吻」は南部で [u bˈaʒu]、北部で [u ʷˈaʒu]
などである。この弱化の一般的メカニズムに、ふるえ音の
/r/ の地位を結びつけることができる。北部は全体が /r/ と
/r̄/ の対立と無縁であり、この対立の延長にあるあらゆるほか
の実現とも無縁である。それに対し、南部では、この対立を
実践しており、語頭では、弱化が期待されるところでも、「強
い」実現のみに対立を中和している。たとえば、つぎのように
なる。

語句	訳	北部	南部
mare	海	[mˈarɛ]	[mˈari]
ferru	鉄	[fˈæru]	[fˈar̄u]
u rospu	定冠詞＋カエル	[u rˈospu]	[u r̄ˈospu]
sò rospi	それらはカエルだ	[sˈɔ rˈospi]	[sˈɔ r̄ˈospi]

　もうひとつ、特徴的な音韻特性がある。南部では、rn とい
う連鎖を rr へと同化する〔p.71の地図参照〕。この同化は北部に
は存在しない。たとえば、つぎのようになる。

語句	訳	北部	南部
corne	角 (つの) (複数)	[kʼornɛ]	[kʼor̄i]
fornu	かまど	[fʼɔrnu]	[fʼɔr̄u], [fʼur̄u]
a curnachja	定冠詞+ (小型の) カラス	[u gurnˈac̄a]	[u kur̄ˈac̄a]
rinuvime	パン生地	[rnuwˈimɛ]	[r̄uwˈimi]

　やはり子音体系の領域のことであるが、一般的にみられる特徴のひとつが「B 音化」である。南部では語頭で /b/ と /v/ の対立を保つ（ただし、/v/ はしばしば ［β］ で実現する）のに対し、北部の諸方言はこの対立と無縁であり、南部で語頭に ［v］ を用いるところで、［b］ を用いて、それは結局 ［v］ と混同される〔p.73〕。たとえば、つぎのような比較ができる。

語句	訳	北部	南部
bellula	イイズナ（イタチ科の動物）	[bʼæɭula]	[bʼed̠ula]
vermu	うじ虫	[bʼærmu]	[vʼarmu]

　母音体系に関しては、ことはあまりにも複雑で、大雑把な二分法にはおさまりきらない。そのようなわけで、母音体系という基準を引き合いに出す研究者は、南北の対立にはふれず、コルシカ島のほとんど全体と、極南部を対立させる、はるかに不均衡な分割に言及するのである。それについては後述する。それに対して、非強勢母音の体系は、北部・南部の図

式にうまくあてはまる。なぜなら、すでに述べたように、南部は強勢のない [ε] をもたないからである。

語句	訳	北部	南部
dorme	眠る	[d'ormε]	[d'orma]
sete	渇き	[s'εdε]	[s'eti]
e donne	定冠詞+女（複数）	[ε δ'oñε]	[i d'oñi]

　語彙に関しては、北部、南部の対立にはこと欠かない。最もよく引き合いに出される対立は、「犬」の指示にかかわる。南部では ghjacaru、北部では cane である〔p.72〕。「祖父」、「祖母」は南部では missiavu, minanna、北部では caccaru, caccara または babbone, mammona である。「ズッキーニ」は南部では zucchetti、北部では zucchini である。「秋」は南部では vaghjimi、北部では auturnu である。「ムギワラギク属の花」は南部では muredda、北部では murza である。「三脚」は南部では brandale、北部では trappede である。「スカート」は南部では coda、北部では rota である。「ソーセージ」は南部では salciccia、北部では salamu である。「大きい」は南部では maiò, maiori、北部では grande である。「（チーズを作る）型」は南部では casgiaghja、北部では fattoghja である、など。

　以上であげたいずれの特徴も、もちろん、地理的分布において正確に重なり合うわけではないが、まとめて見るなら、それでも、チスモンテ／プモンテの対立を正当化するものである。

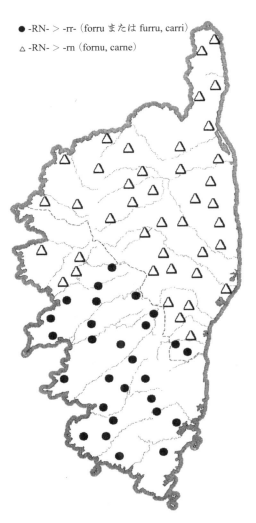

- ● -RN- > -rr- (forru または furru, carri)
- △ -RN- > -rn (fornu, carne)

語中での子音群 -RN- の扱い

72

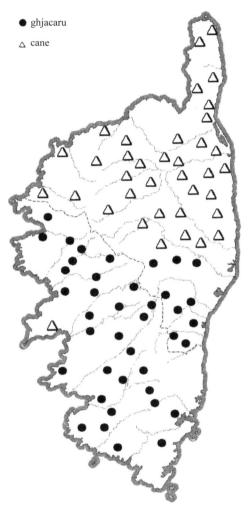

「犬」を指す語

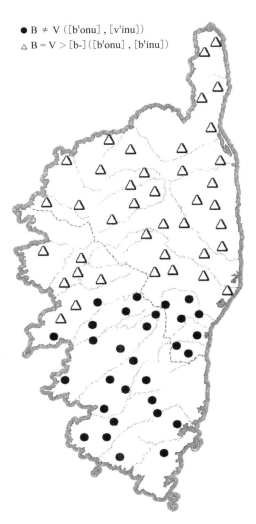

● B ≠ V（[bʼonu]，[vʼinu]）
△ B = V > [b-]（[bʼonu]，[bʼinu]）

語頭での B-, V- の区別と混同

II. データの更新

　これまでみてきた区分は、考慮に入れられる要素の不明確さと、基準の選択の曖昧さの両面で問題がある。したがって、最近数年、『新コルシカ言語地図』（NALC）および『コルシカ語データバンク』（BDLC）のプログラム[9]の枠組みで、より適切な基準、あるいは少なくとも、より明示的な基準に基づいて分析を更新するため、データを最新のものにすることが必要と思われる。コルシカでは、地理言語学は、20世紀を区切る3つの試みを生み出したことを思いおこそう。まず、第1次世界大戦前の、ジリエロンとエドモンによる『フランス言語地図コルシカ版』（ALF Corse）[10]、つぎに1933年から1952年にかけての、ボッティリオーニによる『イタリア版コルシカ言語・民族地図』（ALEIC）[11]、そして現在出版の途上にある『新コルシカ言語地図』（NALC）[12]である。

　J. ジリエロンによって主導された『フランス言語地図』の刊行の試みの枠内で、E. エドモンは1911年から1912年にかけてコルシカの44地点で、それぞれ5日間の一連の調査を行なった。フランスの大陸部を覆った調査よりも明確に詳細化、精確化して、調査項目は3000を数えた。エドモンはコルシカ語学者ではなかったので、それらの質問をイタリア語でたずねる方式をとった。彼はコルシカにおもむく前に、調査を目的としてイタリア語を学んだのである。『フランス言語地図コルシカ版』は1914年にパリで出版された。しかしその刊行は4巻（799枚の地図に相当する）で中止された。それ以外の資料、

すなわち質問ノートは、国立図書館に収蔵された。刊行の中断の原因になったのは、この出版をめぐって過熱した（擬似）科学的な議論よりも、明確に、当時イタリアで発展していたイッレデンティスモの思想である。調査の結果は、おそらく、より高い再評価を受けるに値するだろう。それらはしばしば、適切な註記に富んでいる。

　G. ボッティリオーニによって出版された『イタリア版コルシカ言語・民族地図』は、『フランス言語地図』に比べて、大部分の地点で形式的な対立によって規定され、コルシカ島の方言的空間のきわめて豊かな、微細な、適切な表示を提供する。それにより、コルシカはフランスの地方における例外をなし、同じ方式で再度調査することは時間の無駄であることを証明した。このとりわけ混乱した時代の文脈、思想的背景、そしてコルシカが呈する問題を捨象すれば、ボッティリオーニはジリエロンとエドモンと対照的な立場をひとつひとつ選択したこと、そして、『イタリア・南スイス言語地図』（AIS）[13]の著者たちに対しても反証をしようとしていたことに気づく。ボッティリオーニの仕事は、『イタリア・南スイス言語地図』の地域的な観点からの補足であろうとした。いっそう豊かで、資料に富み、深められた仕事である『イタリア版コルシカ言語・民族地図』は、長年の調査と省察に基づいている。1933年から1942年にかけて公刊され、2000枚の言語地図に2巻の別冊がともなっている。別冊は調査の枠内で収集されたコーパスの全体を示す辞典と、用いられた方法論、規範の理論、そして著作を下支えする方言的変異を特に提示する序論である。

　最後に、1980年代から、国立科学研究センター（CNRS）お

よびコルシカ大学の枠内で制作途上にあるのが、フィールド
ワーク、データの処理と分析の新たな試みである。それは考
慮に入れられるおのおのの言語的単位に対し、さまざまな表
示を提供する新しい言語地図である。生データ（音のデジタ
ル化）、音声転記、綴り字への転記、語彙化[14]、形態論的分節、
そして場合によっては通時的分析である。上記で取り組んだ
諸問題に新たな啓示的な点をもたらすことを期待できるの
は、特にこの基盤から作られ、部分的に言語地図の諸巻で公
刊された地図制作からである。

　『コルシカ語データバンク』『新コルシカ言語地図』の地図制
作は自動化されており、さまざまな手続きを明確化する必要
性がある。特に、地図制作自体を目的として構想されたわけ
ではなく、複合的な基盤に対するひとつの問いの形として構
想されたので、つぎのようなさまざまなレヴェルで構成され
ている。

・音声的または語彙的な生データの地図制作。
・地図の関与的な諸点（強勢母音、韻律単位のはじめの子音、
　語末母音など。そして韻律単位に関する質問の枠内で4つの
　調査地域が定義された）に関する質問による、「目標化され
　た」データの地図制作。
・（語彙化に基づく語彙的データ、上記で記述された手続きに
　基づいて取り出された「目標化された」音韻的データの）象
　徴化された地図制作。
・総括的比較（相関的処理）。ここではもはや、処理を象徴化
　するのではなく、先の手続きの適用で明確になった処理の

組み合わせを象徴化する。そうすることで、「要素」によって
ではなく、「体系」によって諸地域を定義できるようになる。

　これ以降に示される分析の源泉にあり、地理言語学的な議
論がよって立つのは、まさにこれらのさまざまな手続きの適
用である。とりわけ、この地図制作は、コルシカの方言分布
を堅固な基盤の上に打ち立てるための決定的な基準の選択を
たいへん明確に（強いるとはいわないまでも）示唆する。比較
による地図制作によって、まったく曖昧性なく、コルシカの
言語空間を深層において構造化しているのは強勢母音の発達
であることが示された。つまり、地域〔の区分〕を明確にする基
盤となるのは、この基準である。

Ⅲ. 強勢母音体系という基準

　記述的、共時的研究は、こんにちコルシカにおいて強勢位
置での母音体系は相対的に単一であるということを示した。
ある変種における第8の母音音素の、いまなお共時態におい
て検出可能な形成、あちらこちらでの鼻母音の発生を例外と
すれば、たいへん一般的に、4つの開口度をもつ7つの音素か
らなる母音体系が、島の端から端まで観察される。しかし、
語彙的単位のなかでのこれらの母音の分布は、どこでも同
じというのからはほど遠い。たとえば、南部の furru [f'uɾu]
「かまど、オーヴン」は中部の forru [f'oɾu] に対応し、北部
の dorme [d'ormɛ]「眠る」は南部の dorma [d'ɔrma] に対応す
る。南部の paurosu [pawur'ozu]「恐怖した」は北部の paurosu

[pawur'ɔzu] に対応する。南部の paesi [pa'ezi]「郷里」は北部
の paese [pa'ɛzɛ] に対応するが、北部の sette [s'eēe]「7」には
南部の setti [s'ɛīi] が対応する。要するに、共時態においては、
いかなる体系的な対応規則も引き出せない。これらすべての
鍵は通時態に求めるべきである。すなわち、これらの構成の
それぞれが、源泉となるラテン語の体系から派生するしかた
に求めるべきである。

　周知のように、ラテン語からロマンス諸語への移行におい
ては、一般的に、強勢母音の変遷が本当の鍵をにぎっている。
年代を特定でき、ロマンス語の形成の諸段階を通じて確認で
きるその鍵は、ラウスベルクのような研究者にとって、あら
ゆる区分の基礎を示している。ラテン語の体系を構造づけて
いた母音の長短の対立が失われて、音質の対立へと転ずる一
般的な現象と組み合わさり、この発展はコルシカにおいては、
下記のように図式化できる典型例を生み出した。これについ
ては、あとでコメントしてゆくことになる。

1/ サルディーニャ型（ラウスベルクによる）：

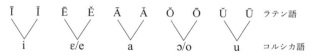

2/ ターラヴ型：

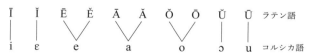

3/ 逆転トスカーナ型:

4/ 中母音中和型:

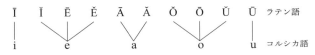

　ここで見られるのは、「通時的な類型」である。それぞれが、源泉となる体系からの発展のある図式を示している。われわれは、まさにこれらの類型に基づいて、今度は「圏域」、すなわちある類型、または一連の類型が広がっている地帯を設定する。さらにわれわれは、それらの類型を、ほぼ同じ広がりをもつほかの（二次的な）特徴と結びつけようとする。そして、「層位学的」な観点から、各類型の継起性と、圏域の広がりの変異を考察しようとする。つまり結局は、コルシカ語の成立過程を考察しようとする。

第5章　諸方言圏

　前章に明らかにした基準に基づき、下記の4つの圏域（確か
に、広がりや一貫性の点で一様ではないが）を区別したい。こ
れらの主な性質はのちに明らかにする。

　・コルシカ・ガッルーラ方言圏

　・ターラヴ方言圏

　・中央・北部方言圏

　・コルシカ岬半島方言圏

　ブニファーツィウの方言的孤島については、付録で扱うこ
とにする。

Ⅰ. コルシカ・ガッルーラ方言圏

　北部と南部、コルシカとサルディーニャの「本当の」言語的
境界は、地理的、歴史的、行政的境界と混同されるべきもので
はない。意味のある言語的境界は、島々の内部にある。ひと
つはコルシカ島南部、サルテー地方のなかに、もうひとつは
サルディーニャ島北部、ガッルーラ地方とログドーロ地方の
あいだにある。また、後者の境界だけが真の断絶をなしてい
る。改新された言語地理的データのおかげで、こんにち、そ
れらの画定はほとんど問題がないが、ふたつの領域において
は[1]、これらの圏域の特徴づけはつねに明確だったわけではな
い。それらの圏域を考慮に入れることは、ときとして、それ

らが含まれるコルシカとサルディーニャの圏域の分類をはな
はだしく損なうものであった。ことほどさように、「地理的単
位＝『国家的』単位＝言語的単位」という等式は意味ありげな
のである。サルディーニャでは、すでにみたように、民族・
歴史的な次元の理由から、厳密に言語的基準以外にも、ガッ
ルーラ地方の画定はほとんど問題がなく、ながらく前から認
められてきた。その画定は、言語地理学の近年の仕事によっ
て精確かつ確実に打ち立てられた。実際、M. コンティーニ
によると、「サルディーニャ島極北部で、等語線が島の幅いっ
ぱいを横切っている。それらの等語線の、厳密にひとしい道
すじが示したところによると、（サルディーニャ島北部の）本
当の言語的境界はサッサリ方言とガッルーラ方言を、サル
ディーニャの残りの領域から分けるものである。西方では、
この境界はヌッラ平原の南方のへりと一致し、そこではサッ
サリ方言は全面的に強いられるに至っていない。その境界は、
マスカリ川とブンナーリ川の渓谷に沿い、ソルソ、センノー
リのあいだを通って、アシナラ湾にむかって北上する。その
あと、海岸に近いアングローナ山地に沿い、カステルサルド
の前で、セーディニとブルツィのあいだの「義務的」な第2の
通過点を通って内陸に入る。ガッルーラ方言の西方の境界を
定めるのは、コギーナス川の下流を通り、ペルフーガスの東
方に至る線である。この地点からテルティにかけて、その線
は、ガッルーラとログドーロ東部を分けるリンバーラの花崗
岩の山脈と同じになる。そして、ティレニア海の海岸にむけ
て南東への方向づけを説明するのは、またもや地形、すなわ
ち島を南北につらぬく脊梁山脈の最初の山すそである。ティ

レニア海の側では、ガッルーラ方言は、アラー山地と、サン・テオドーロ・ドヴィッデに至る海岸のあいだにある地方に広がっている。この地域をブッドーニから隔てる言語的境界は、いかなる自然の障碍とも一致しない」。

　他方、コンティーニは、多数の事例を含み、明白なこの言語境界が、ガッルーラ極北部へのコルシカ人の転入に続く最近のガッルーラ地域の拡大を示していると指摘している。この現象は、最近ガッルーラ化したボルティジャタスのたいへん新しい事例に結果をみることができるが、18世紀にはじまり、19世紀まで続き、その結果としてガッルーラのほとんど人の住んでいなかった地帯への再植民という結果をもたらした。しかし、人口の多さや安定性と、サルディーニャ島内陸部とのかかわりでの経済的役割から、飛び地であり続けたルーラスやオルビアといった土地では、この現象は定着しなかった[2]。

　コルシカ島内で、南部の変種と、より北方のそのほかの諸変種との境界を打ち立てることは、異なる次元の問題を提起する。実際、ガッルーラ方言と、サルディーニャ島のほかの方言を分ける断絶に類似した、いかなる断絶もここにはない。特に、方言間の相互理解はほぼ全面的である。話者たちは、諸方言を隔てる差異を意識しているが、それを「発音のいくつかの細部」であると簡単にとらえている。言語学者としては、この地域の北側の境界をいっそう確実に打ち立てるため、通時的基盤に基づく分析を遂行しなければならない。したがってわれわれは、南北の対立を変化の度合い、差異の連接によって定式化しようと試みた。さらに、上記でたてられ

た、コルシカ島中部で、チスモンテの変種とプモンテの変種
のあいだでなされる南北の分割を、主要なものと考えること
を試みた。ところで、諸方言の比較研究は、コルシカの諸方
言圏域のあいだに連続性があるにしても、とりわけ通時的な
次元では、真の断絶があることも同様に確かであり、コルシ
カ・ガッルーラ方言圏の北側の境界はなかでも特に明確で興
味深い断絶のひとつである。

　この境界は、現在の道すじでは、西方で大きな弯曲がある。
その境界は、北方ではリッツァネーゼ峡谷の下流を離れ、オ
ルトール川に沿う。上方では、リッツァネーゼ峡谷の上流に
沿い、コッシオーネ高原を横切り、北方にツィカーウォをひ
きはなし、ソレンツァーラ川に沿って東海岸に降りてゆく[3]。
西方の道すじで確認された弯曲は、比較的新しいものである。
実際、歴史家たちが示したところでは、18世紀から19世紀
に、平地・山地を移動して牧畜に従事していた人びとが平地
に定着し、コミュニティ分断的なこの現象の基盤をなす生活
風景を変えた。そのようなわけで、われわれが関心をいだく
地方の人びとは、極南部へと移住した（アウッデからの移住
でモナッチャ、リヴィーアからの移住でフィガーリが形成さ
れた、など）。一方、たとえば、ほかの言語的変種（ターラヴの
変種）に属するツィカーヴから来た人びとは、コルシカ・ガッ
ルーラ地帯、特にサルテーのまわりに散らばった。こんにち、
われわれ自身の調査と、われわれのインフォーマントの証言
によると、サルテーではふたつの集団の人びとは密接に混
じりあっているものの、同化はしていない。そのようなわけ
で、ロッカ出身の、したがって先住民のロッケザーニと、ター

84

ラヴ出身の、したがって移民してきた人びとである、タラ
ウェーズィが区別される。一般的に、ロッケザーニは「ジョ」、
すなわち領主であり、タラウェーズィは「パストーリ」、すな
わち羊飼いである。その結果、サルテー市はこんにちもなお、
（ここではもちろん、フランス語がさらに重なっていること
については言及しないが）これらの基準に対応する言語的層
位化を呈している。

　このコルシカ・ガッルーラの地理において忘れないでおき
たいのは、ガッルーラ海岸の沖にあるマッダレーナ島である。
マッダレーナ島の方言は、F. コルダによって、「すでにコルシ
カ語が優勢である」と形容されているが、ここでもまた、圧倒
的なイタリア語化を捨象するなら、「ガッルーラ方言に影響さ
れている」[4]。コルシカ側での調査は、移牧民がマッダレーナ
島へ移住したたいへん明らかな痕跡を見つけることを可能に
した。一方、マッダレーナ島内でも、調査の結果、コルシカ起
源の鮮烈な痕跡が明らかになった。

　音声学の次元では、この言語的変種を特徴づけるため、第1
に、ラテン語の強勢母音の扱いを示そう。コルシカ・ガッルー
ラ変種は、長母音と短母音のあいだで、音量〔長さ〕の対立が
消失したことによって定義されるラテン語の層に属してい
る。長母音・短母音は母音ごとに混同される。

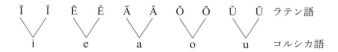

　たとえば、FĪLU ＞ filu [fˈilu]「糸」、PĬLU ＞ pilu [pˈilu]「しっぽ」、MĒ(N)SE ＞ mesi [mˈezi]「(暦の)月」、PĔDE ＞ pedi [pˈedi]「足」、PĀCE ＞ paci [pˈatʃi]「平和」、MĂRE ＞ mari [mˈari]「海」、CŎR ＞ cori [kˈori]「心」、FLŌRE ＞ fiori [fjˈori]「花」、FŬRNU ＞ furru [fˈurru]「かまど」、MŪLU ＞ mulu [mˈulu]「ラバ」。

　短母音と長母音の混同にともなって、中母音に関しては、音節構造に基づく再分配がなされた。[e] と [o] は開音節に、[ɛ] と [ɔ] は閉音節にみられる。ちなみに、開音節と閉音節の概念は、この場合、通時的なレヴェルを指し示している。〔閉音節を判断する際に〕問題となるのはローマ時代の音節末子音であり、別の規則にしたがっている共時的な音節末子音ではない。たとえば、festa [fˈɛsta]「祭り」＜ FĔSTA、pettu [pˈɛttu]「胸」＜ PĔCTU、mezu [mˈɛdzu]「まん中」＜ MĔDIU、crescia [krˈɛʃʃa]「育つ」＜ CRĒSCERE、coghju [kˈɔɟu]「革」＜ CŎRIU、notti [nˈɔtti]「夜」＜ NŎCTE、nosciu [nˈɔʃʃu]「われわれの」＜ NŎSRTU、cunnoscu [kunnˈɔsku]「わたしは知っている」＜ COGNŌSCO、など。

　他方、-LL- の後継形(後述)は、閉音節扱いにならない。ciarbeddu [tʃarbˈeɖɖu]「脳」＜ CEREBELLU、furreddu [furrˈeɖɖu]「オーヴン」＜ FURNELLU、coddu [kˈoɖɖu]「首」＜ COLLU。それに対し、鼻子音の前は、その鼻子音に別の子音が後続する／しないにかかわらず、閉音節扱いになる。例：pienu [pjˈɛnu]「満ちた」＜ PLENU、catena [katˈɛna]「鎖」＜ CATENA、beni [bˈɛni]「よく」＜ BENE、ventu [vˈɛntu]「風」＜ VENTU、omu [ˈɔmu]「男」＜ HOMO、donna [dˈɔnna]「女」

< DOMINA、bona [b'ɔna]「よい（女性形）」< BONA、-onu
['ɔnu]「拡大辞」< -ONE、ponti [p'ɔnti]「橋」< PONTE、など。
「r + 子音」の r までで終わる閉音節は、-a [a] < Ĕ を生んだ。
例：farru [f'arru]「鉄」< FERRU、partica [p'artika]「とまり木」
< PERTICA、arba ['arba]「草」< HERBA、など。

　メタフォニー[5]は、この地方の諸方言には痕跡を残してい
ないことを指摘しておこう。メタフォニーはとりわけサル
ディーニャ側で顕著である。周知のように、メタフォニーは
サルディーニャの諸方言で重要な役割を果たしており、そ
の結果、サルディーニャ島で話されている地域的イタリア語
にも影響するほどである。さらに、84ページで抽出した強勢
母音の体系の全体的図式に、いくつかの註釈を加えなけれ
ばならない。まず、二重母音 AU が [ɔ] になった変化である。
RAUBA > robba [r'ɔbba]「商品」、PAUCU > pocu [p'ɔku]「ほ
とんどない」、PAUSA > posa [p'ɔza]「休憩」、TAURU > toru
[t'ɔru]「牡牛」、AUCA > oca ['ɔka]「ガチョウ」、など。この
扱いは、ほかの現象、とりわけ借用とあいまって、後舌中母
音のふたつの開口度の対立を再創造する結果をもたらした。
pocu [p'ɔku]「ほとんどない」、focu [f'oku]「火」のように。

　第2に、Ĭ と Ŭ の「通常の」（すなわち一般的な）扱いが、強
勢位置において、それぞれ [i] と [u] であるのに対して、それ
らに競合するほかの扱いの事例も同様にある。Ĭ を [ε] とす
ること、そして、それに比べると少ないものの、Ŭ を [ɔ] とす
る場合もあることが指摘にあたいする。SAGĬTTA > saietta
[saj'εtta]「稲妻」、CĬCER > cecci [tʃ'εttʃi]「えんどう豆」、
PĬSCE > pesciu [p'εʃʃu]「魚」。VĬGĬLIA > veghja [v'εɟa]「前

夜、前夜祭」の一方で、mi svighju [mi zvˈiɟu]「わたしは目ざめる」もある。STRĬCTU > strittu [strˈittu]「厳密な」の一方で、stretta [strˈɛtta]「締めつけ」もある。LĬGNU > legnu [lˈɛɲu]「木材」の一方で、i linghja [i lˈiɲɟa]「薪」もある。また、Ŭ に関しては、DIŬRNU > ghjornu [ɟˈɔrnu]「日、昼」、SŬFFERE > soffra [ˈsɔffra]「苦しむ」、JŬVENE > ghjovanu [ɟˈɔwanu]「若い」をあげることができるが、これらは新しい借用と考えるのが妥当のようである。それに対し、Ĭ を [ɛ] とする扱いは意義深い。というのも、その扱いは、ターラヴ地方の境界地帯や、さらにはコルシカ全域で規則化していることを先取りしているだけでなく、サッサリ地方ともつながっているからである。

非強勢母音の体系は、コルシカ・ガッルーラ地域においては、極度に縮減されている。共時的には、強勢より前の位置でも、強勢より後の位置でも、語末の位置でも、[i]、[u]、[a] という3つの可能性しかない。一連の前舌母音は [i] に、一連の後舌母音は [u] に帰着する。[a] に関しては、A の扱いに対応するが、R の前の E も含む。また、この非強勢母音体系の帰趨は、つぎの図のようなものであり、これらの方言の母音交替のメカニズムを支えるものである。

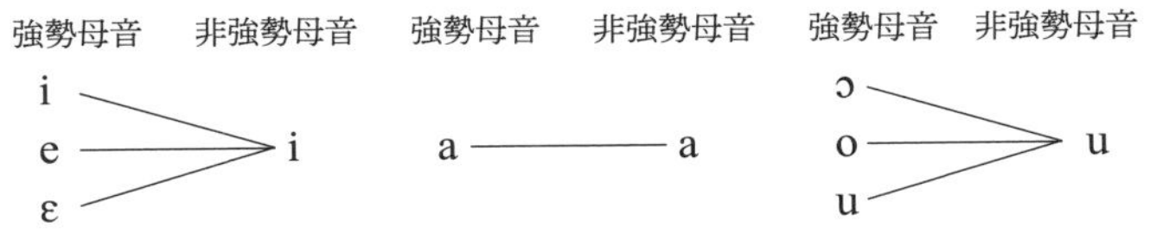

　この非強勢母音体系は、疑いなく、コルシカ・ガッルーラ方言を南部イタリア諸方言に結びつけるものである。

　子音体系に関しては、コルシカ・ガッルーラ諸方言は、コルシカの中・北部地域の諸方言との大きな類似性を示す。つまり結局は、中・南部イタリア諸方言との大きな類似性を示す。それに対し、サルディーニャ諸方言からは明確に隔てられる[6]。ここでは詳細な記述には立ち入らないが、まず、子音弱化の現象を思いおこそう。コルシカ島中部・北部ほどには進んでいないが、子音弱化は、とりわけ摩擦子音 /f/ /s/ /ʃ/ に関してははっきりと感じられる。それらは対応する有声子音 /v/ /z/ /ʒ/ をもつ。この子音弱化が、語頭の子音交替の現象を支えている。trè furri [tr'ɛ ffurri]「3つのかまど」、u furru [u v'urru]「定冠詞＋かまど」、à Santu [a ss'antu]「サントゥ〔男性名〕に」、di Santu [di z'antu]「サントゥの」。同様に子音弱化の領域において、これらの方言には、二重の弱化を経たいくつかの形式があるということを指摘しておこう。例：CÆPULLA > ciudda [tʃ'udɖa]「玉ねぎ」[7]。これは南部イタリアと同様である。

　硬口蓋化の現象もまた、コルシカ・ガッルーラ地域の方言を、イタリア中南部の方言に近づけ、サルディーニャの方言から隔てる。CIおよびCI, E の硬口蓋化の例：FACIO > facciu [f'attʃu]「わたしは作る」、FACIS > faci [f'atʃi]「きみは作る」など。TIの硬口蓋化の例：PLATEA > piazza [pj'attsa]「広場」、DIの硬口蓋化の例：MEDIU > mezu [m'ɛdzu]「まん中」、さらにL を含む子音群も硬口蓋化する：PLŪS > più [pj'u]「より一層」、FLŌRE > fiori [fj'ori]「花」、BLATA > biada [bj'ada]「粒、穀物」など。とりわけ、これらの方言は、さまざまな淵

源に由来する、ふたつの硬口蓋閉鎖音をもっている。ひとつは無声の [c]：occhju ['ɔccu]「目」< ŌCULU、chjama [c'ama]「彼（女）は呼ぶ」< CLAMAT、vecchju [v'eccu]「古い」< VETULU、もうひとつは有声の [ɟ] である：ghjocu [ɟ'oku]「遊び」< JŌCU、peghju [p'ɛɟu]「より悪い」< PEJUS。RIの連鎖に関しては、その古い扱いが AREA > arghja ['arɟa]「区域」に現われている。これはコルシカ極南部地域の特徴であり、NIを [nɟ] とする扱いと関連づけられる。MONTANEA > muntanghja [munt'anɟa]「山」。

　子音に関して、この地域の諸方言のもうひとつの重要な特徴は、「そり舌音」と呼ばれる子音の存在である。通常は強く [ḍḍ] と調音され、さらには [ḍḍɽ] となることもある。この子音は、-LL- のみならず、-L＋I が通常帰着するところでもある。前者の例：ĪLLU > iddu ['iḍḍu]「彼」、CAPĪLLU > capiddu [kap'iḍḍu]「髪」、CŎLLU > coddu [k'oḍḍu]「首」、PELLE > peddi [p'eḍḍi]「皮膚」。後者の例：PALEA > padda [p'aḍḍa]「藁」、ŎLEASTRU > uddastru ['uḍḍastru]「オリーヴの木」、ALĬU > adda ['aḍḍa]「にんにく」、MULĬERE > mudderi [muḍḍ'eri]「妻」。MELĬU > meddu [m'ɛḍḍu]「よりよい」において、母音 [ɛ] が閉音節扱いを示していることから判断すると、LIを [ḍḍ] とする扱いのほうが、LL を [ḍḍ] とする扱いより後であったと考えられる。LL 由来の [ḍḍ] は、すでにみたように、開音節扱いであるからである。[ḍḍ] はその淵源からして語中にしか現われないが、2次的な発展の結果として、語頭に現われることもある。[ḍḍastr'eḍḍu] < uddastreddu [uḍḍastr'eḍḍu]「野生のオリーヴの木」、[ḍḍu ts'iju] < di lu ziu [di lu ts'iju]「伯父の」。

　さらに、この地域の特徴として、-RN- という連鎖を同化により通常 [rr] にする扱いをあげることができる。CORNU > corru [k'ɔrru]「角 (つの)」、FURNU > furru [f'urru]「オーヴン」、PERNICE > parrici [parr'itʃi]「ヤマウズラ」、*TURNARE > turra [turr'a]「戻る、回る」、など。また、語頭における音位転換もこの地域の特徴である。DORMIRE > droma [dr'ɔma]「眠る」、CASTRARE > crastà [krast'a]「去勢する」、FEBRUARIU > frivaghju [friβ'aʝu]「2月」、など。最後に、註記にあたいすることは、コルシカ語では円唇軟口蓋子音の扱いに若干ゆれがあり、-w- がしばしば保たれる（または再構築される）のに対し、コルシカ・ガッルーラ地域の全体がコルシカのほかの地域と対立し、GU̯ を [g] とするということである。それは語末の環境においてである。特に、sangu [s'aŋgu]「血」< SANGUE、pingu [p'iŋgu]「脂身」< PINGUE という例がある。

　形態論においては、いくつかの側面を指摘するにとどめる。非強勢母音が3つの要素に縮減されることは、とりわけ名詞句において、形態論を強く特徴づけている。というのも、すべての複数形が [i] で終わるので、複数形では男性形と女性形の弁別が中和してしまうからである。u ziteddu [u tsit'eɖɖu]「定冠詞＋男の子」、a zitedda [a tsit'eɖɖa]「定冠詞＋女の子」、i ziteddi [i tsit'eɖɖi]「定冠詞＋男の子たち、または女の子たち」。名詞の種類は、つぎの例で示される。

類	性	単数	複数	和訳
I	女性形	a coscia	i cosci	定冠詞＋尻
II	男性形	u capu	i capi	定冠詞＋頭
III	女性形	a notti	i notti	定冠詞＋夜
	男性形	u pedi	i pedi	定冠詞＋足

　そして形容詞も同じ扱いの線上にある。単数で男性形 -u、女性形 -a、複数は両性とも -i となるのがひとつの類であり、もうひとつは、男女単複すべての形が -i で無変化となる。

　コルシカ南部の諸方言には、-u で終わる男性名詞の一部で、複数形が -a になるものもあることを註記しておこう。i mura [i mˈura]「定冠詞＋壁（複数）」、l'asina [lˈazina]「定冠詞＋ロバ（複数）」、i vitedda [i βitˈeḍḍa]「定冠詞＋仔牛（複数）」。これらはこんにちではほかの例にも広がり、一般化してきている。しかし、これらのデータはガッルーラでは確認されない。この相違点が確認されるなら、この -a は比較的新しい（社会言語学的）徴表であり、隣接するターラヴ地域に特徴的な、より古い [ə] に源泉があるとするわれわれの仮説が証明されるであろう[8]。

　動詞の形態論は、n, l, r で終わる語根をもつ動詞の1人称単数ならびに接続法における -g- という接尾辞の使用によって特徴づけられる。例：pongu「わたしは置く」、ch'e pongi「わたしが置くこと」。また、強勢をおくことができない語根をもつ動詞の場合、-ighj-（< -IDIARE）という接尾辞の使用によって特徴づけられる。例：vintulà「少し風がふく」の活用形

vintulighja。人称語尾は、-à で終わる動詞の現在形について
は、-u [u]、-i [i]、-a [a]、-emu ['ɛmu] または -emi ['ɛmi]、-eti
['eti]、-ani ['ani] である。また、条件法現在形が、-ia ['ija]、
2人称は -isti ['isti] で終わる形であり、コルシカ北部諸方言の
ように -ebbe ['ɛbbɛ] という形ではない。最後に、-à で終わる
単音節の動詞の半過去形を接尾辞追加によって形成すること
を指摘しよう。staghjia [staɟ'ija]「彼（女）はとどまっていた」、
daghjia [daɟ'ija]「彼（女）は与えていた」。

　主な部分については、コルシカ・ガッルーラ地域全体にか
かわる点をあげることができたが、それ以外の点については、
コルシカ部分とサルディーニャ部分を分けることになる。ふ
たつの点を指摘しよう。第1に定冠詞について、第2にラテン
語の第3、第4活用に由来する動詞の不定法についてである。

　まず、定冠詞について。ガッルーラ地域では、定冠詞は lu,
la, li であるが、これに対応するコルシカ側での形式は u, a, i
である。この差異はおそらく新しいものである。コルシカで
も、凝結的形式（詩、ことわざ）では、l ではじまる形式もあ
る。まさにこの形式こそが、上記で言及した [ddu ts'iju] の形
を下支えしているのである。

　ラテン語の第1活用以外に由来する動詞の不定法について
は、ガッルーラでは一般に、語末に強勢のある -ì の形になる。
例：piignì [pjiɲ'i]「泣く」、timì [tim'i]「恐れる」、vinì [vin'i]
「来る」、vistì [vist'i]「服を着せる」、murì [mur'i]「死ぬ」、
mittì [mitt'i]「置く」[9]。それに対し、コルシカ南部では（そし
てこの点はコルシカの諸方言全般にも通じることであるが）、
語根に強勢のある不定法であり、母音の音色は無差別にな

り、ここでは -a の音色をとる。上記と同じ動詞の例：piegna [pjˈɛɲa]、tema [tˈɛma]、vena [vˈɛna]、vesta [vˈɛsta]、mora [mˈora]、metta [mˈɛtta]。ここでもまた、通時的に有意義なので、不一致が興味深い。おそらく、コルシカでもガッルーラでも、最近の異なる変化がある。たとえば、ガッルーラにみられる語末に強勢のある -i [ˈi] という形が、（同様に周辺的な）コルシカ岬半島の諸方言でも保たれている。そして、コルシカ岬半島では、ガッルーラと同様の定冠詞の形も保たれている。このため、ガッルーラとコルシカ岬半島は、再構築のための興味深い段階として立ち現われるのである。コルシカとガッルーラを同時に対象とした微細な研究をするなら、どれほど啓示的になるだろうか。

　語彙の分野では、つとにロルフスが指摘しているように、のちに消失したラテン語 AGNU から派生した agnone [aɲˈɔnɛ]「炉辺（ろばた）椅子」のような語は、ふたつの島を古いラテン語圏の同じ層に結びつける[10]。こんにち、この単語は、ガッルーラとコルシカ島南部でみられるものであるが、コルシカ島北部の諸方言にはみられない。語彙的な次元でのコルシカとガッルーラの類縁性の評価をしようとするならば、もちろん、長く微細な調査を必要とするであろうが、その調査は、対象とする地域の位置づけのみならず、波及効果として、その地域の両隣の地域の位置づけをも明らかにしうるであろう。ここでは、いま判明している限り、コルシカ・ガッルーラ地域の全体に特徴的と思われる、melinu [mˈelinu]「ぬるい」、fresu [frˈezu]「毛布」などのいくつかの語をあげるにとどめることしかできない。

　他方、ガッルーラは、今度はコルシカ全体と共通して、特有とされるいくつかの語を用いている。arba barona [ˈarba barˈɔna]「（香辛料の）タイム」、talaveddu [talaβˈeɖɖu] または talavucciu [talaβˈuttʃu]「水仙」、muvroni [muvrˈɔni]「ムフロン（野生の羊）」、talorcu [talˈɔrku]「かかと」など[11]。さらには、beddula [bˈeɖɖula]「イイヅナ（イタチ科の動物）」。

　ところで、より平凡な事例をあげると、asinu [ˈazinu]「ロバ」という語がある。その淵源はほとんど問題を提起しないが、興味深いのはその地域的広がりである。というのも、それはコルシカ・ガッルーラ地域を定義する際に言及される、たとえば特有の母音体系の現象と厳密に共存しており、コルシカ島の残りの部分では「ロバ」の意味で sumere [sumˈerɛ] を用いるからである。さらに、語意義論的な次元での差異をあげることができる。たとえば、コルシカの諸方言もガッルーラの諸方言も、全体として bucchipanzulà [bukkipandzulˈa] という動詞を有する。しかし、コルシカ島中・北部の諸方言とのあいだには、明確な境界線が引かれている。コルシカ中・北部はこの動詞に「あくびをする」という意味を与えるのに対して、コルシカ・ガッルーラ諸方言においては、この語はかなり特殊で、「死体の下あごが開く」ことを指す。「あくびをする」は、pandicinà [panditʃinˈa] によって示される。微細な語彙的研究をすれば、音声的な等語線と形状が完全に重なり合う境界線に格別の注意を払うこととなろう。

　統辞論の領域はおそらく、扱うのがいっそう微妙である。その理由は、一方で、統辞論の領域における中南部イタリアの諸方言のあいだのたいへん大きな類縁性（これ以上詳述し

ないが）のためであり、他方で、統辞論の問題の方言的側面を把握するのに効果的なモデルがないためである。その結果、あらゆる一覧は、「熟語」類纂のような概観を帯びるにとどまるに違いない。統辞論と形態論の境界で、つぎのような例を示すにとどめよう。ncu mecu［ŋku mʹeku］「わたしと一緒に」、ncu tecu［ŋku tʹeku］「きみと一緒に」[12]、また、よく指摘されるbabbitu［bʹabbitu］「きみのお父さん」、mammata［mʹammata］「きみのお母さん」など。より興味深いかもしれないのは、従属節の統辞論である。さまざまなメカニズム（頭音省略、語頭の強調など）の適用により、接続詞が必要ではなくなったという点でいっそう独特なマーカーの体系をそなえている。たとえば、voddu du venghi［vʹoddu ddu wʹɛŋgi］「彼に来てもらいたい」は、「わたしは欲する＋彼に（間接目的格）＋来る（接続法）」という構成である。このとき、接続法に統率された、語尾切断された代名詞が、従属の標識にもなっているのである。

　これまで扱ってきた諸点が〔コルシカ・ガッルーラ方言圏内での〕地域的制約がないのに対し、ほかの側面では、ガッルーラへのサルディーニャ語の影響がみられる。おそらくそのように解釈するべきなのが、疑問における倒置構文である。たとえば vinutu se?「きみは来たのか」[13]といった形は、コルシカ側ではまったく見られない。

　結論的にいうと、コルシカ・ガッルーラというまとまりがいかに自明にみえようとも、まだなお探求されるべきである。というのも、この方言圏はまだすべての秘密を明かしていないからである。コルシカ島とサルディーニャ島のあいだにあ

る、もっといえばイタリア・ロマンス語における、「第3の島」ともいうべきこの地域の諸方言の状況の問題は、コルシカとサルディーニャに集中した形での、いっそう微細な探求の対象となるべきであろう。そのような性質の研究だけが、発生的親近性、および／あるいは類縁性を正しく評価し、別れたり合わさったりする現象を考慮することを可能にしうるであろう。

Ⅱ. ターラヴ方言圏

　南方ではコルシカ・ガッルーラ方言圏の北方の境界に隔てられるこの方言圏は、北西方向で、アヤッチュ湾の南岸に沿う線から、サントゥ・ジョルジュ峠をのぼり、ターラヴをプルネッリと分ける峡谷の線に沿い、エーゼ平原を経てヴェルデ峠に至り、フィウモルブにむかってくだり、海に沿ってヴェンティゼーリ、キザー、スラッヂュ・ディ・ゼーラを南方に、イズラッチュを北方に分ける境界をもつ。

　この体系は最近までコルシカで同定されておらず、記述はなおさら、されていない。しかし、この体系はその集密（コンパクト）性によって注目にあたいする。逸脱的な形式（史的変遷を導く図式に合わないという意味で）が最も少なく、その結果、この方言圏はほかよりはるかに一貫性がある。

　この体系の経済性はつぎの図によって示される。

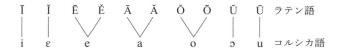

強勢母音の体系において、通時的対応関係はつぎのとおり
である。

Ĭ : FĪLU > filu [fˈilu]「糸」、RĪDERE > rida [rˈida]「笑う」、
AMĪCU > amicu [amˈigu]「友」、TRĪBULU > tribbiu
[trˈibbju]「畑を耕す石」、Ī(N)SULA > isula [ˈizula]「島」。

Ū : PLŪMA > piuma [pjˈuma]「羽」、ŪBER > uvaru [ˈuwaru]
「乳房」、FRŪCTU > fruttu [frˈuttu]「果実」、SECŪRU >
sicuru [sigˈuru]「確かな」。

Ĭ、Ŭ はそれぞれ、[ɛ] と [ɔ] になった。

Ĭ : PĬLU > pelu [pˈɛlu]「しっぽ」、FĬDE > fedi [fˈɛdi]「信仰」、
VINDĬCTA > vindetta [vindˈɛtta]「復讐」、STRĬGE > strega
[strˈɛga]「魔法使い」、AURĬCULA > arechja [arˈɛca]「耳」。

Ŭ : DŬLCE > dolci [dˈɔltʃi]「甘い」、RŬCCA > rocca
[rrˈɔkka]「崖」、FŬRNU > forru [fˈɔrru]「かまど」、
DŬPPLU > doppiu [dˈɔppju]「二重の」。

Ē と Ĕ、Ō と Ŏ はそれぞれ混同され、[e] と [o] になった。

Ē : TĒLA > tela [t'ela]「布」、CRĒDERE > creda [kr'eda]「信じる」ACĒTU > aceto [atʃ'ɛtu]「酢」、PAGĒ(N)SE > paese [paj'ezɛ]「国、故郷」

Ĕ : PĔDE > pedi [p'edi]「足」、PĔCTU > pettu [p'ettu]「胸」、PĔCORA > pecura [p'egura]「雌羊」、LĔVIU > lebiu [l'ebju]「軽い」。

Ō : VŌCE > voci [v'otʃi]「声」、FLŌRE > fiori [fj'ori]「花」、NEPŌTE > nipoti [nip'oti]「甥、姪」、AMŌRE > amori [am'ori]「愛」。

Ŏ : RŎTA > rota [rr'ota]「車輪」、*CŎCERE > cocia [k'otʃa]「料理する」、PŎDIU > poghju [p'oɟu]「丘」、SŎCERA > sociara [s'otʃara]「義母」。

つけ加えると、Ā と Ă は一般に [a] となった（LĀNA > lana [l'ana]「絹」、MĂNU > mani [m'ani]「手」）が、この地域の東側では、[ɛ] への移行も少なくない。PLAGIA > pieghja [pj'ɛja]「平原」、GRANDE > grende [gr'ɛndɛ]「大きい」。さらに、二重母音 Æ も、類似の扱いを受ける。CÆCU > cecu [tʃ'egu]「盲目の」。

閉音節での中母音の独特の扱いの痕跡が、-N の前、-R の前で現われる。鼻子音（母音間であろうが、音節末であろ

うが）の前では Ē と Ě が [ɛ] になり、Ō と Ǒ が [ɔ] になった。CATĒNA > catena [kat'ɛna]「鎖」、BĚNE > bè [b'ɛ]「よく」、NŌMEN > nomu [n'ɔmu]「名前」、DǑMǏNA > donna [d'ɔnna]「女」。-R の前では、一般的に、Ě は [a] に達し（HĚRBA > ['arba]「草」）、Ǒ は [ɔ] に達する（DǑRMĪRE > [d'ɔrma]）。

この地域について、もうひとつ強調するべきことは、母音の強い鼻音化である。特に、n の前の開母音・中母音、ましてや、あとに母音がくる m の前の母音も、鼻母音になる。この鼻音化は、おそらくとても古いものであるが、以前もいまも、子音の弱化をともないうる。いずれにせよ、鼻音化は、接尾辞 -ŌNE の発展と再構を説明することを可能にする。-ŌNE > [ɔ̃nɛ] > [ɔ̃ⁿe] > [ɔ̃] > [ɔ]、そして、男性形の全般化されたモデルに基づき、[ɔnu] への再構がなされた。同じモデルで、Antone/Antonu「アントーヌ（男性の名前）」、canistone/canistronu「カニストローネ（菓子）」、Pratavone/Pratavonu「プラタヴォーネ（地名）」などがこの道をたどった。

ロマンス諸語の母音体系の発展全般において、このターラヴの母音体系は、古いものであり、相互干渉の結果とはいえないものの、コルシカという尺度のみならず、ロマンス諸語という尺度でも、かぎになる層になりうる。それは、リュトケによって、様態までは予言されていないが、原則については予言されている、ロマンス語の発展段階のひとつである。そしてこれは、リュトケの推論的図式によるロマンス諸語の母音にかかわる諸地域の階層化という見方に基づいている[14]。

一方、この発展は、すでに知られていることがらの延長線上に位置づけられる。短母音が弛緩し、開口度が増大することは、源泉となる母音Ĭ、Ŭに関しては完全に果たされたものの、その段階までで止まり、母音の音量〔長短〕が知覚されなくなったときに混同されることになるほかの中母音には影響を及ぼさなかった。この体系の独自性は、Ĭ、Ŭの弛緩が、それらの後裔とほかの対応する中母音との混同に至らず、[ɛ]、[ɔ]という形で弁別的要素を保ったことである。

　この圏域をコルシカ・ガッルーラ方言圏から隔てる変化は、それ自体では甚大ではない（Ĭ、Ŭが弛緩して開口度が大きくなり、[ɛ]、[ɔ]に固定したこと）が、体系という点では、この地域をとりわけアルタ・ロッカと比べてはなはだしく特異化する、大きな結果をもたらす。実際、その変化はターラヴ方言のふたつの特徴と相関していることがわかる。第1に、子音体系に関して、この方言は、（二重子音に由来する）強子音と（単子音に由来する）弱子音を、子音の弱化にあたらない場合でも、対立させないという特異性がある[15]。たとえばbabbu「父」は、[bˈabu]や、[bˈapu]や、[bˈap̄u]として実現する。scappa「彼（女）は逃げる」は、[skˈap̄a]または[skˈapa]として実現しうる。第2の点は、おそらく第1の点と結びついており、この体系では閉音節の概念が無効になっているために、閉音節であるか否かに応じた母音の音色の配分がきわめて限られた重要性しかもたないことである。閉音節をなす子音としては、鼻子音（-N＋子音または-N-）または-R＋子音である。実際、これらの環境では、中母音は半開母音として実現する。例：bonu [bˈɔnu]「よい」、dorma [dˈɔrma]「眠る」。

　この圏域は、強勢母音体系の通時的構成からして根本的に独自であるが、まったく孤立したものではないかもしれず、サルディーニャ島のサッサリ地域と関連づけてみることは興味深い。サッサリ方言は、サルディーニャ語型の体系を示しており、特にピサとジェノヴァの強い影響を受けたと一般に考えられているが、その影響の態様は明らかにされていない。独自の方言を醸成したサッサリには、ときとして、相互干渉の各層、各段階に対応する多くの扱いが共存していることを研究者たちが強調している。しかしながら、さまざまな研究者の見解では、サッサリ方言の母音体系の圧倒的な特性は、Ĭ、Ŭ の [ɛ]、[ɔ] による扱いと、Ē と Ō の扱いの不安定さである。

　このサッサリ方言の母音体系を、コルシカ語というプリズムを通して読むことは魅力的である。こんにちサッサリで観察できる体系の原型は、ターラヴ方言の体系であると思われる。Ē と Ō の扱いに関する不一致は、コルシカ語に関してわれわれが指摘したものと同じ性質のものである。若干の [e]、[o] による実現、特に [o] が、ほかの体系の影響下で、上記で述べたモデルによって、より広い実現形である [ɛ]、[ɔ] にとってかわられた。この過程はターラヴ地域北部と同じであろう。サッサリ方言は単に中北部コルシカほどには進行していない〔変化の〕完成度を示しているのである。コルシカ島では、ターラヴと、ポルトゥ湾とタヴィニャーヌ川の河口をつなぐ線とのあいだで、逆転トスカーナ型の母音体系の定着がほぼ完全になされた。この変化が起きなかった残滓の部分は少ししかなく、その数は改新の中心地に近いほど少なくなってゆく。サッサリでは [e]、[o] が対応する短母音から切り離

される現象は（特に［o］に関しては）明確に端緒についている
が、終点までは達していない。コルシカ島内の空間で指摘す
ることのできた進取のさざ波は、サッサリ方言が孤島のよう
に存在するサルディーニャ島の域内ではほとんど対応物をも
たないというべきである。

Ⅲ. 中央・北部方言圏

　中央・北部方言圏は、まず概略的にいうなら、先にターラ
ヴ方言圏の北側の境界としてあげた境界以北の全体を占め
る。その広さからして、ターラヴ方言圏よりはるかに均質性
を欠くものであり、圏内の北部と南部でいくつかの段階を指
摘できる。構造的には、この方言圏の母音体系は、7つの母音
からなり、ĬとĒの後裔と、ŪとŌの後裔が混同される。し
たがって、卓越していると思われるのは、ロマンス語圏全体
でよく知られた図式である。3段階の開口度、2段階の音量〔母
音の長さ〕からなるラテン語の体系が、音量の喪失と、「短い閉
母音」と「長い中母音」の混同とにより、4段階の開口度をもつ
体系へと発達したのである。しかしながら、（このことは、言
語学者（ロルフス、ボッティリオーニ）にも話者にも、ながら
く前から認められてきたが）コルシカ語のこの方言とイタリ
ア語のあいだには、「古い音質の奇妙な逆転」（ロルフス）が存
在する。すなわち、ĬとĒは［e］ではなく［ε］によって継承さ
れた。逆に、Ĕは［ε］ではなく［e］によって継承された。後舌
母音についても同様である〔ŬとŌが［ɔ］によって継承された〕。
ラテン語のĬとĒからきたロマンス語の閉じた［e］から［ε］

になったことは、ロルフスの所説では、「〔e〕の音がコルシカ全体で知られているが、それが〔Ẹから出てきた〕開いた〔ɛ〕に由来しているという点において、よけいに奇妙である」。そこから彼は、つぎのように推論する。「(予期される〔e〕のかわりに出てくる)〔ɛ〕の音は、ある時期に島外からの影響で発展したものであることは明らかである。その時期には、いまでは島の極南部だけで保たれているコルシカの古い母音体系が、新しい母音体系に場所をゆずったのである」[16]。つまり、コルシカ語の中母音の音色の「逆転」は、島内の古い状況を反映するサルディーニャ型の母音体系のうえに、イタリア半島に由来するトスカーナ型の母音体系が伝播した結果と考えられる。しかし、ひとつ註釈が必要である。ロルフスが音色の「逆転」というとき、もちろん、開いたe、oがそれぞれĬとẸ、Ŭとọに由来するのに対し、閉じたe、oがそれぞれẸとỌに由来することを指している。彼はもちろん、相対的な議論をしているのであり、彼が明確にした通時・共時的な逆説は反論の余地がない。しかし、研究者たちがしばしば提出するに至ったに記述もかかわらず、音声学的に(つまり物理的に)は、Ĭ、Ẹと、Ŭ、ọの後裔はたいへん狭い開口度しかない。それでも、Ẹ、Ọの後裔はこんにち、この地帯では、それぞれきわめて閉じた〔e〕、〔o〕であることから、弁別ができているのである。もちろん、そこに見るべきなのは、開口度の再分配に達した構造的な反作用である。しかし、音声的性質を除外して、これらの母音の対立的(そして通時的)な性質だけを考慮に入れることは、ある次元の現実を覆い隠すことである。

強勢母音の体系

通時的な次元では、この体系の一般的経済性は、（少なくとも、まず概略的にいうなら）つぎの図によって示される。

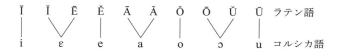

くり返すが、この圏域はたいへん広く、したがって多くの下位変異を含んでいる。とりわけ、[æ] という異音が音素に昇格したことによって8つの強勢母音をもつ北東部を含んでいる。したがってわれわれは、まず中西部の方言から例をとり、あとで北東部の例で補うことにする。

Ī : filu [fˈilu]「糸」< FĪLU、ride [rˈiδɛ]「笑う」< RĪDERE、amicu [amˈigu]「友」< AMĪCU、vicini [bidʒˈini]「隣人（複数）」< VĪCĪNI。

Ū : mulu [mˈulu]「ラバ」< MŪLU、luna [lˈuna]「（天体の）月」< LŪNA、nunda [nˈunda]「何もない」< NŪLLA、luce [lˈudʒɛ]「光」< LŪCE。

Ĭ、Ŭ もまた、硬口蓋音の前では閉母音になった。fammiglia [fammˈiʎa]「家族」< FAMĬLIA、ghjunghje [ɟˈunɟɛ]「到達する」< JŬNGERE。この扱いは、コルシカ島全体で起きたことと完全に一致している。

〔それ以外の〕短い閉母音は、長い中母音と混同された。

Ĭ : pelu [pˈɛlu]「しっぽ」< PĬLU、pera [pˈɛra]「洋梨」<
PĬRA、veghja [bˈɛʝa]「夜明かし」< VIGĬLIA、ellu [ˈɛlʎu]
「彼は」< ĬLLU、cennara [tʃˈɛnara]「灰」< CĬNERE、menu
[mˈɛnu]「より少なく」< MĬNUMU、pece [pˈɛdʒe]「樹脂」<
PĬCE、legne [lˈɛɲɲɛ]「薪」< LĬGNA、saetta [saˈɛtta]「矢」<
SAGĬTTA、など。

Ē : mese [mˈɛzɛ]「（暦の）月」< MĒ(N)SE、paese [paˈɛzɛ]
「国、郷里」< PAGĒ(N)SE、tela [tˈɛla]「布」< TĒLA、vena
[bˈɛna]「燕麦」< AVĒNE、pienu [pjˈɛnu]「満杯の」<
PLĒNU、acetu [adʒˈɛdu]「酢」< ACĒTU、rete [rˈɛdɛ]「網」
< RĒTE。

短い中母音は、たいへん閉じた中母音になった。

Ĕ : spechju [spˈecu]「鏡」< SPĔCULU、vespa [bˈespa]「蜜蜂」
< VĔSPA、eiu [ˈeju]「わたし」< ĔGO、pedi [pˈeδi]「足」<
PĔDE、pettu [pˈettu]「胸」< PĔCTU、pella [pˈella]「毛皮」
< PĔLLE、peghju [pˈeju]「より悪い」< PĔJU、leghje [lˈeʝɛ]
「読む」< LĔGERE。

それに対し、鼻子音の前では、ラテン語の Ĕ は [ɛ] になっ
た。vene [bˈɛnɛ]「彼（女）は来る」< VĔNI(T)、fenu [fˈɛnu]
「秣（まぐさ）」< FĔNU[17]、bè [bˈɛ]「よく」< BĔNE、dente [dˈɛntɛ]

「歯」< DĔNTE、ventu [b'ɛntu]「風」< VĔNTU。

　/æ/ という音素の存在が特徴的な北東部では、〔鼻子音の前での〕ラテン語の Ĕ は [æ] になった。vene [b'ænε]「彼（女）は来る」< VĔNI(T)、fenu [f'ænu]「秣（まぐさ）」< FĔNU、bè [b'æ]「よく」< BĔNE、dente [d'æntε]「歯」< DĔNTE、ventu [b'æntu]「風」< VĔNTU。

　r + 子音の前の Ĕ の帰趨もまた、独特である。

・地域全体で、Ĕ は [a] になった。varmu [b'armu]「うじ虫」< VĔRME、narvu [n'arbu]「神経」< NĔRVU、farru [f'aɾu]「アカエイ」< FĔRRU、arba ['arba]「草」< HĔRBA、tarra [t'aɾa]「大地」< TĔRRA。

・/æ/ という音素の存在が特徴的な北東部では、この文脈でもまた、ラテン語の Ĕ は [æ] になった。vermu [b'ærmu]「うじ虫」< VĔRME、nervu [n'ærbu]「神経」< NĔRVU、ferru [f'æru]「鉄」< FĔRRU、erba ['ærba]「草」< HĔRBA、terra [t'æra]「大地」< TĔRRA[18]。

　後舌母音の扱いは、この地域では、Ŭ、Ō の後裔と二重母音 AU との混同を出現させる。前舌母音の場合と同様に、結果は [ɔ] である。

Ŭ : rossu [r'ɔssu]「赤い」< RŬSSU、fornu [f'ɔʀnu]「かまど」< FŬRNU、pozzu [p'ɔttsu]「井戸」< PŬTEU、croce [kr'ɔdʒε]「十字架」< CRŬCE。

Ō : nipote [nib'ɔdɛ]「甥、姪」< NEPŌTE、-one ['ɔnɛ]「(拡大
  をあらわす接尾辞)」< -ŌNE、voce [b'ɔdʒɛ]「声」< VŌCE、
  fiore [fj'ɔrɛ]「花」< FLŌRE。

AU : cosa [k'ɔza]「こと」< CAUSA、toru [t'ɔru]「牡牛」<
  TAURU、pocu [p'ɔgu]「ほとんどない」< PAUCU、roba
  [r'ɔba]「品物」< RAUBA、chjosu [c'ɔzu]「閉じた」<
  CLAUSU。

　やはり前舌母音の扱いと同様に、Ŏ はたいへん閉じた [o]
になった。

Ŏ : coscia [k'oʃʃa]「尻」< CŎXA、focu [f'ogu]「火」< FŎCU、
  rota [r'oda]「車輪」< RŎTA、ossu ['ossu]「骨」< ŎSSU、
  ghjinochju [ɟin'ocu]「膝」< *GENŎCULU。

　さまざまな指標(中母音の音声的実現の性質、形態論的変
化、構造的な再均衡化、[æ] の存否、より古い扱いのいくつか
の痕跡)の束に基づいて別のところで示したように[19]、この母
音体系は基本的には西ロマンス語圏の類型として説明でき、
中母音の音色の逆転は、強勢のある中開母音の二重母音化と
開口度の低下のメカニズムの結果である。このメカニズムを
まぬかれたのは、-N、-R によって閉音節になった中開母音
だけである。まさに [æ] が好まれる生起文脈である。
　この母音体系の発展のメカニズムを、つぎの図式によって
示すことができる[20]。

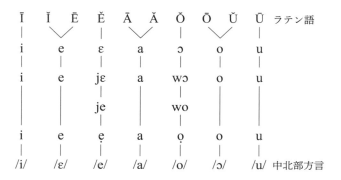

非強勢母音の体系

　母音交替というものは、非強勢母音の体系を生み出すものである。一方、この地域は、非強勢母音のすべての変異を含んでおり、3つ、4つ、5つの要素からなる体系がある。図式的には、（コルシカ極南部と同じく）交替が7対3に減じられる南部、7対4に減じられる中西部、そして8対4になる北部・北東部、そして最後に、残りの部分である、7対5になる中東部を区別することができる。

	南部	北部・北東部
強勢母音	i, e, ɛ, a, ɔ, o, u	i, e, ɛ, æ, a, ɔ, o, u
非強勢母音	i, a, u	i, ɛ, a, u
	中西部	中東部
強勢母音	i, e, ɛ, a, ɔ, o, u	i, e, ɛ, a, ɔ, o, u
非強勢母音	i, ɛ, a, u	i, ɛ, a, ɔ, u

　この構成が興味深いのは、現在の相対的な再構成を通じて、さまざまな層位を示している点においてである。とりわけ、北東部において、強勢のeには非強勢のεが対応するのに対し、強勢のεには非強勢のiが対応するという事実は、二重母音化と開口度の低下に先立つ（ロマンス語の）構成を指し示すものであり、同時にわれわれのつぎのような仮説を支持するものである。celu [tʃ'elu]「空」対 celestu [tʃεl'estu]「天空の」の対立と、pelu [p'εlu]「しっぽ」対 pilosu [pil'ɔzu]「しっぽのはえた」の対立を比較すると、ふたつの母音が互いにより近いとみなされていて、よく知られた西ロマンス語の発展（しかし、コルシカ語の発展としてはあまり知られていない）により一致していたような歴史的段階を想定することができる。まず [tʃ'εlu] 対 [tʃεl'estu]、[p'εlu] 対 [pil'ɔzu]であったが、のちに [tʃ'εlu] > [tʃ'jεlu] > [tʃ'elu]（たいへん狭い [e̜] が用いられる）という変化が起きたのである。その際、非強勢母音は変化していない。われわれが指摘したメカニズムにおいては、音色の「逆転」は強勢音節のみ〔強調原文〕でなされたものであり、（ロマンス語の閉じた [e] に由来する）[e] と、二重母音化・閉口化に由来する、[i] にたいへん近い [e̜] との対照に基づいている。

　もうひとつ、非強勢位置における、以前の状態の痕跡がある。北東部を除いて、[ε] は、非強勢位置に現われるといっても、語末、すなわち変化語尾の標識にしか現われない。それに対して、強勢以前の位置では、[a]、[i]、[u] の3つの母音だけが現われる。これらの事実は、おそらく、かつてこの地方の非強勢母音の体系が南部の体系と同じであった時代の反映

であろう。

Ⅳ. コルシカ岬半島方言圏

　これまでコルシカの方言分類の問題に取り組んできた研究者のあいだで、ただひとりだけが、コルシカ岬半島にはっきりと個別化された地位を与えている。それは F. D. ファルクッチであり、特にイタリアの諸方言に関する叢書におさめられた1冊をわれわれに遺産として残している。彼の研究、「コルシカ」は、コルシカ島の最初の言語学的紹介であり、豊かな導入に加えて、『デカメローネ』の第10日第9話の5つのコルシカ語版がコメントつきでおさめられている[21]。ファルクッチが、類型的規則によってコルシカ諸方言の多様性を例証しうる5つの変種を選んだことはおどろくべきことで、コルシカの方言に関する混乱した見方を示している（しかし、ファルクッチは言語学の専門的訓練は受けていなかった）。ファルクッチの分類では、アヤッチュ方言は南部の変種（プモンテ方言）に属している。この選択はもちろん、さまざまな観点から、大いに異論の余地がある。一方、ヴァッレ・ダレザーニ（コルティ地方）、イーズラ・ロッサ（バラーニャ地方）とバスティーアは北部の変種（チスモンテ方言）に属している。ロリアーヌ（コルシカ岬半島）は、第3の区分である、コルシカ岬半島の変種に属している。ファルクッチはつぎのように述べている。「コルシカ岬半島の諸方言に固有のいくつかの特別な性質は、3つの区分を打ち立てることをわたしに示唆した。そしてわたしは、バスティーア近郊にかけて話されている方言

を特にコルシカ岬半島方言とよぶことにする。その好例をロリアーヌ方言から提示しよう。ロリアーヌはかつてのコルシカ岬半島地方にある。その際、コルシカ岬半島方言を、ほかのチスモンテ方言からは分けようと思う」[22]。

　実際、最近の調査と、そこから出てきたデータを、コルシカの言語地理学的分析の枠組みにおいて展望することは、こんにち、コルシカ岬半島の状況、そしてことによるといっそう一般的に、ティレニア海北方の状況を再評価するよう仕向ける。同時に、この展望から、ファルクッチのみならず、特にロルフスのような研究者を読み返すことが適切である。ロルフスは「周辺的トスカーナ方言」Toscana dialettale delle aree marginali[23]、特にコルシカ岬半島に近いエルバ島を探求した。最後にいうと、こんにちでは、この地方に由来する文書に基づいた研究において、文献学的な次元での貴重な諸要素を見いだすこともできる[24]。

　コルシカ岬半島地域の全体において、一定して、あるいは散発的に現われているなかで、最もたやすく気づくことのできる特徴[25]は、定冠詞の形、lu, la, li, le からなる。これに対し、コルシカ島のほかの地域では、短縮形 u, a, i, e を用いている[26]（しかし、文学的、または格調高い言語を特徴づける l- のついた形もある）。通時的には、もちろん、語頭子音をもつ形が、短縮形に先立っている。語頭子音をもつ形は、こんにちでは、マルケ州、アブルッツォ州、プッリャ州、カンパーニア州南部、シチーリア島の一部、そして特にサルディーニャ島の北部全体で知られている唯一の形である[27]。

　文学的、または格調高い言語に対応するもうひとつの特徴

は、肯定の小辞にかかわる。その小辞は、コルシカ岬半島で
は、一切の文脈、社会階層から独立して、すなわち、島のほか
の地域では ié という形を用いるところでも、si という形で
現れる。ié という形は真にコルシカ語のものであり、コル
シカ語の類型論的アイデンティティーを基礎づけるものであ
る[28]。

　さらに、2、3人称複数の所有形容詞・所有代名詞は、コルシ
カ岬半島では、規則的に nossu, vossu という形をとる。奇妙
なことに、F. D. ファルクッチは、『語彙集』では nostru, vostru
の存在を指摘しているにもかかわらず、-ss- とする形がコル
シカ全島にあると考えているようである。「コルシカ語の一般
法則として、所有代名詞は単数では mé または mió、tó、só、
複数では nóssi、vóssi（ポルトガル語 nossos、vossos を参照）、
só であり、そして所有代名詞は […] li nóssi、li vóssi […] で
ある」[29]。これらの、-ss- とする形は、古ルッカ方言、古ピサ
方言の標準的形式であることがわかっている[30]。これらの形
はこんにちでもなお、ガルファニャーナやエルバ島で用いら
れている。また、ロルフスによると、これらの形は北イタリ
アに源泉があるかもしれない。そして彼は、リグーリアに関
して、nossu / nosciu, nossa / noscia という形をあげている。

　これらの実現形態を、nosciu [nˈɔʃʃu] および vosciu
[vˈɔʃʃu] という、コルシカ島南部の対応形式と関連づけない
ではいられない。われわれはこれらの形式における硬口蓋化
を、強くそり舌音化された音連鎖の究極の結果であると解釈
する[31]。類似の形式（[str] > [ʃʃ]）は南イタリアにも、「周辺部
トスカーナ」にも存在する。それらはつまり、舌頂での調音が

保存されている地域である。すると、-ss- という形は、コルシカ岬半島においては、後退の結果として解釈されるべきものであろう。しかし、その変化への圧力がどこから来たかを定めるのは、なお課題として残っている[32]。

　コルシカ岬半島の諸方言は、北部コルシカの全体、それもとりわけ東部の方言[33]と、二次的に発生した LD という連鎖を同化するという特徴を共有する。例：CAL(I)DU > callu [kʼallu]「熱い」。ところでこの場合、この扱いが対応するのは、南イタリア（ラツィオ州、マルケ州、アブルッツォ州、ルカニア地方、ウンブリア州[34]）の諸方言である。それに対し、南イタリア地域を特徴づけるもうひとつの同化である -RN- > [rr] は、コルシカでは、島の南部にしか見られない。例：FURNU > forru [fʼɔrru]「かまど」。北部では、そして特にコルシカ岬半島は、この同化とはまったく無縁である。例：fornu [fʼɔrnu]。

　コルシカ岬半島諸方言の形態論は、コルシカの領域の内部で、明確に隔絶され、画定されたいくつかの特異性を呈する。名詞の形態論は、〔語尾の〕種類の変更[35]の事例を多く提供する。それらは古いテクストにおいて見られるものであった[36]。例をあげると、la mana「手」は、コルシカ岬半島のみに特徴的な形であり、島のほかの地域ではみられない（manu, mane, mani がみられる）。la pella「皮膚」（ほかでは pelle, peddi）はもう少し広く、北部地域にはみ出している。さらには la nocia「くるみ」、la pecia「樹脂」、l'aba「蜜蜂」、la pucia「蚤（⑵）」ははるかに広い地域にわたっており[37]、ほかの地域の a noce または a noci、a pece または a peci、l'ape、a pulge といった形

と対比される。同様に、ダンテ（『神曲』煉獄篇、I、62）にも見られる代名詞 essu < IPSU[38] の存在をあげることができる。これはコルシカ島のほかの地域では見られない。動詞の形態論に関しても、はっきりと特徴づけられており[39]、語末に強勢がくる不定法の多くの痕跡がある。語尾に -i- をもつ動詞では durmì [durm'i]「眠る」、piuvì [pju^w'i]「雨がふる」、-è- をもつ動詞では vidè [biδ'ɛ]「見る」など。-èva- をもつ半過去形の標識、aveva [aβ'ɛwa]「わたしは持っていた」、fazeva [fadz'ɛwa]「わたしはしていた」、diceva [didʒ'ɛwa]「わたしは言っていた」が見られるが、それに対して、コルシカのほかの地域では、それぞれ avia [aβ'ija]、facia [fatʃ'ija]、dicia [ditʃ'ija] となる。さらに、2人称単数で前接語代名詞が語尾に現われるというたいへん特徴的な現象（しかも義務的である。また、ほかの人称では、強調の意味でしか動詞にともなう代名詞によって示されることはない）をつけ加えておこう。aveatu [aw'ɛadu]「きみは持っていた〔半過去形〕」は avea + tu と分析され、cantarebbetu [ka̱ntar'ɛbedu]「きみは歌うだろう〔条件法現在形〕」は cantarebbe + tu と分析される。

　語彙に関しては、コルシカ岬半島のいくつかの特有語法がながらく前からつきとめられ、指摘されているものの、なお微細な研究が必要である。たとえば、mezedima [mɛdz'edima] < MEDIA HEBDOMA「水曜日〔<週のまん中〕」はヴェルスィーリア、ルニジャーナ、エルバ、シエナ、グロッセートにも見られるものであり、往年のロンゴバルド語法（cf. ドイツ語 Mittwoch「水曜日〔<週のまん中〕」)[40] と解することができる。scende [ʃ'ɛnde]「降りる」に対し、コルシカのほ

かの地域では falà [falˈa] という。cantamessa [kantamˈɛssa]
「カマキリ」はルニジャーナ、ガルファニャーナ、ヴェル
スィーリアで見られる[41]。caccaru [kakkˈaru]「祖父」、caccara
[kakkˈara]「祖母」はこの地域に特有である[42]。descu [dˈɛsku]
「テーブル」< DĬSCU はジェノヴァ由来の語であり、コルシカ
の tola [tˈola]、taula [tˈaʷula] と対照される。lampu [lˈampu]
「閃光」もまた北方系の語であり、コルシカ岬半島だけで知ら
れている。一方コルシカ島のほかの地域では accendita
[atʃˈɛndita] という。最後に、コルシカ岬半島諸方言で「春」を
指す primavera [primaβˈera] をあげよう。コルシカ全般では
vranu [brˈanu]、veranu [verˈanu] だけが用いられている（それ
だけが知られているわけではないにしても）。

コルシカ岬半島の母音体系──モルスィーリアの場合

　これまで扱ってきた諸点はコルシカ岬半島地域全体におい
て特徴的と考えられるのに対し、これから扱う面については
違っている。われわれが現在知っている状況では、これから
記述する母音体系は、もっぱらモルスィーリアの方言のみに
関係する。しかし、この変種はかつてはもっと広い地域を占
めていたと考えることは無理ではない（証明は今後しなけれ
ばならないが）。

　まず、音声学的な次元では、モルスィーリアの方言は半
閉母音がより「弛緩した」母音として調音されることによっ
て特徴づけられる。その結果、有名な「音色の逆転」はモル
スィーリアの変種においては確認できない。そのことが、こ
の変種に、ただちに耳で感じることのできる独特の色づけを

与えている。

さらに、たいへん大きな可変性が、この母音体系の第2の注目点をなす。社会的、ないし個人的変異、文脈的変異のほかに、完全に「自由な」と言いうる変異もある。nora [nˈɔʀa]「義姉妹」、ora [ˈɔʀa]「時（じ）」、morte [mˈɔʀtɛ]「 死」[43]、fornu [fˈɔʀnu]「かまど」、orzu [ˈɔʀdzu]「大麦」、などはある分布の基礎を提供するかもしれないが、しかしその分布は、ひとりの情報提供者〔この変種の母語話者〕において、[ˈɔʀdzu] と [ˈɔʀdzu] が共存していることによって、ただちに否定される。同様の現象が前舌母音に関しても起きる。negru「黒い」は、[nˈɛɡʀu] とならんで [nˈeɡʀu]、pelu「しっぽ」は [pˈelu] とならんで [pˈelu]、[pˈɛlu] など。

しかし、いくつかの場合には変異は全面的であるが、つねに可能なわけではなく、偶発的には展開しない。条件づけが共時態においてはもはや明白でなくても、そして、変異がすべての単位に及ぶわけではないため、ときには否定的にしか定義できないように見えても、その変異はむしろ、厳密に制限されている。たとえば、sera [sˈeʀa]「夜」の母音は [e] から [ɛ] に変化しうるが、acqua [ˈɛkkʷa]「水」の [ɛ] は [e] になることができない。このことは、n 個の母音を含む潜在的体系が存在し、それが n−2個の母音を含む体系に移行しつつある、および／あるいは、隣接の諸方言との相互干渉に応じて再展開しているということを証拠立てているように思われる。

通時的観点

母音体系の共時的な構成よりも、まさに通時的観点と、語

彙単位のなかでの母音の分布という観点から、モルスィーリアの方言がコルシカ諸方言の全体像との対比で独自性をあらわすことになる。

　ラテン語の長い閉母音の扱いはほとんど問題がなく、対応する閉母音に達している。念のため、強勢音節におけるつぎのような例を引いておこう。

Ī：filu [fˈilu]「糸」< FĪLU、ride [ʀˈiδɛ]「笑う」< RĪDERE、amicu [amˈigu]「友」< AMĪCU、vicini [bidʒˈini]「隣人（複数）」< VĪCĪNI。

Ū：mulu [mˈulu]「ラバ」< MŪLU、luna [lˈuna]「（天体の）月」< LŪNA、nunda [nˈunda]「何もない」< NŪLLA、luce [lˈudʒɛ]「光」< LŪCE。

　ĬとŬも、硬口蓋音の前では閉母音になる。例：fammiglia [fammˈiʎa]「家族」< FAMĬLIA、ghjunghje [ɟˈunɟɛ]「到達する」< JŬNGERE。この扱いは、コルシカ島全体で起きたことと完全に一致している。

　前舌中母音の扱いはそれよりは複雑である。コルシカでは中北部方言でみられるのと同様、ロマンス諸語に共通の母音体系のモデルにしたがって、短い閉母音が長い中母音と混同された。

Ĭ：pelu [pˈelu]「しっぽ」< PĬLU、pera [pˈeʀa]「洋梨」< PĬRA、veghja [bˈeɟa]「夜明かし」< VIGĬLIA、ellu [ˈeʎu]「彼は」<

ĬLLU、cennara [tʃ'enaʀa]「灰」< CĬNERE、menu [m'enu]
「より少なく」< MĬNUMU、pecia [p'edʒa]「樹脂」< PĬCE、
legna [l'eɲɲa]「薪」< LĬGNA、saetta [saj'etta]「矢」<
SAGĬTTA、など。

Ē : mese [m'ezɛ]「(暦の)月」< MĒ(N)SE、paese [paj'ezɛ]
「国、 郷 里」< PAGĒ(N)SE、tela [t'ela]「布」< TĒLA、
vena [b'ena]「燕麦」< AVĒNE、pienu [pj'enu]「満杯の」
< PLĒNU、scende [ʃ'ᵊndɛ]「降りる」< (DE)SCĒNDERE、
acetu [atʃ'edu]「酢」< ACĒTU。

思いおこしたいことは[44]、ĬとĒの混同は、コルシカ語の圏
域において、中北部の全域に存在するということである。し
かし、中北部では、その混同の結果が到達したのは比較的開
いた母音[ɛ]であり、モルスィーリアにおけるごとく[e]では
ない。

しかし、モルスィーリアの母音体系の独自性は、主に、Ěの
後裔が、ĒとĬに由来する[e]に合流したという事実にある。

Ě : spechju [sp'ecu]「鏡」< SPĚCULU、vespa [b'espa]「蜜
蜂」< VĚSPA、primavera [primaʷ'eʀa]「春」< PRIMA
VĚR、eiu ['eju]「わたし」< ĚGO、pede [p'eδɛ]「足」<
PĚDE、pettu [p'ettu]「胸」< PĚCTU、pella [p'ella]「毛皮」
< PĚLLE、peghju [p'eju]「より悪い」< PĚJU、leghje [l'eɟɛ]
「読む」< LĚGERE。

それに対して、いくつかの文脈では、ラテン語の Ĕ は [ɛ] に達した。まず、n の前の Ĕ である。vene [bˈɛnɛ]「彼（女）は来る」< VĔNI(T)、fenu [fˈɛnu]「秣 (まぐさ)」< FĔNU、bè [bˈɛ]「よく」< BĔNE、dente [dˈɛntɛ]「歯」< DĔNTE、ventu [bˈɛntu]「風」< VĔNTU。

明確にしておきたいことは、この事例は文脈的変異体ではないということである。Ĕ に由来する [ɛ] は、この文脈では、Ĭ と Ē に由来する [e] とは対立している。そのことを確信するためには、たとえば、vene [bˈɛnɛ]「彼（女）は来る」と vene [bˈenɛ]「静脈」を比較すればよい[45]。後者の母音がときに広めになる傾向はあるにせよ、前者の形式とは弁別を保っている。

つぎに、r + 子音の前の Ĕ である。vermu [bˈɛrmu]「うじ虫」< VĔRME、nervu [nˈɛrbu]「神経」< NĔRVU、invernu [imbˈɛrnu]「冬」< HIBĔRNU、erba [ˈɛrba]「草」< HĔRBA、terra [tˈɛra] < [tɛrra]「大地」< TĔRRA[46]。

この文脈では、Ĕ は A の後裔と混同された。A は一般的には [a] になったが、一部の文脈では硬口蓋化され、[ɛ] になった。

実際、A の硬口蓋化は、この母音体系の注目すべき特徴である。この扱いはコルシカ島内で孤立しているわけではない。思いおこしたいことは、この変化はコルシカ北東部の諸方言を特徴づけるものであったということである。その変化はここでは、R で終わる閉音節で、強勢のおかれる A にかかわり、同じ文脈にある E に由来する変種とも合流する。

barba [bˈɛrba]「ひげ」< BARBA、carne [kˈɛrnɛ]「肉」< CARNE、mermuru [mˈɛrmuru]「大理石」< MARMORE。それ

だけでなく、硬口蓋化的な文脈にあるいくつかの語彙単位で
も同様である。stracciu [ʂt̺ʳˈɛttʃu]「ぼろ布」< EXTRACTEU、
bracciu [bʀˈɛttʃu]「腕」< BRACCHIU、pienghje [pjˈɛnɟɛ]「嘆
く」< PLANGERE[47]、piazza [pjˈɛttsa]「広場」< PLATEA、
ghjacciu [ɟˈɛttʃu]「氷」< GLACIE、これらに acqua [ˈɛkkʷa]
「水」< AQUA[48]が加わる。

　後舌母音の扱いは、明確に、Ŭ、Ō の後裔と、二重母音 AU
との混同を呈している。

Ŭ : rossu [ʀˈossu]「赤い」< RŬSSU、fornu [fˈoʀnu]「かま
　　ど」< FŬRNU、pozzu [pˈottsu]「井戸」< PŬTEU、croce
　　[kʀˈodʒɛ]「十字架」< CRŬCE。

Ō : nipote [nibˈodɛ]「甥、姪」< NEPŌTE、-one [ˈonɛ]「（拡大
　　をあらわす接尾辞）」< -ŌNE、voce [bˈodʒɛ]「声」< VŌCE、
　　ora [ˈoʀa]「時（じ）」< HŌRA、fiore [fjˈoʀɛ]「花」< FLŌRE。

Ŏ : coscia [kˈoʃʃa]「尻」< CŎXA、focu [fˈogu]「火」< FŎCU、
　　rota [ʀˈoda]「車輪」< RŎTA、ossu [ˈossu]「骨」< ŎSSU、
　　dinochju [dinˈocu]「膝」< *GENŎCULU。

AU ：cosa [kˈoza]「こと」< CAUSA、toru [tˈoʀu]「牡牛」<
　　TAURU、pocu [pˈogu]「ほとんどない」< PAUCU、roba
　　[ʀˈoba]「品物」< RAUBA、chjosu [cˈozu]「閉じた」<
　　CLAUSU。

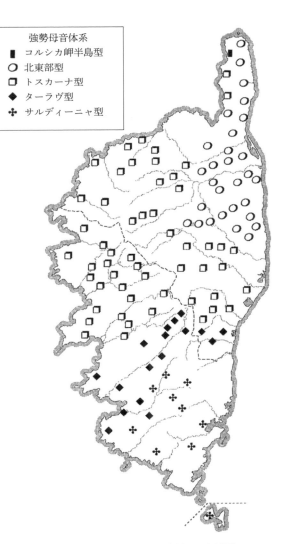

強勢母音体系
■ コルシカ岬半島型
○ 北東部型
□ トスカーナ型
◆ ターラヴ型
♣ サルディーニャ型

強勢母音によって分類した方言圏

最終的に、モルスィーリアの強勢母音体系の由来を、つぎのように図示することができる。

非強勢母音の体系[49]は、強勢母音の体系に比べて、中母音が対応する閉母音と混同されることによって特徴づけられる。ただし、「特定の」文脈で［ɛ］に移行した Ē、Ĕ、A は例外である。

結論的にいうと、モルスィーリアは、類型論的観点からも発生論的観点からも、コルシカの諸方言全体において独特で、はっきりと個別化された母音構成を呈している。モルスィーリアは、こんにちではこの母音構成を示す唯一の地点であることは確かである。しかしこの地点は、その地理的な位置からして、いまでは島の片隅に押しやられたが、以前はより広がっていた変種の「亡命先」を形成しているのかもしれない。たとえば、モルスィーリアでみられる、動詞形態論の分野におけるいくつかの古語法が、この仮説を支持するかもしれない。

第6章　層位化——子音弱化の現状

　方言区分を基礎づける際には、強勢母音の体系という基準が、真の断絶（たとえそれが表面上は「消されて」いても）をもたらすので、決定的なものではあるが、実現の態様においてはより拡散的・段階的ではありながら、いっそう「目につき」、いっそう象徴的なもうひとつの基準を覆い隠すものではない。それは、子音弱化という基準である。

　こんにちのコルシカ語の状況において、子音弱化という用語は何よりも、語頭子音の交替のメカニズムを指し示している。これはシニフィアンの変異をもたらすため、同定しやすい現象である。実は、（ほかのところで示したとおり[1]、）子音弱化は、たいへん部分的にしか結びついていないふたつの過程を共時的に関係づけたものである。ひとつは語頭の子音の強化のメカニズム、もうひとつは、（場合によって）その同じ語頭子音に対してなされる弱化のメカニズムである。弱化のメカニズムは、語頭子音が、広い意味での母音間の位置、すなわち「非強化的」ないくつかの文脈におかれたときになされる。たとえば、話者はつぎのような例で、厳密な関係を打ち立てている。

　　trè pani［trˈɛ ppˈani］「3個のパン」vs. u pane［u bˈane］「定冠詞＋パン」

　　scappatu［skappˈadu］「逃げた（過去分詞）」vs. scapatu

124

［skab'adu］「斬首された（過去分詞）」

このメカニズムは重要な社会言語的価値を担っている。この有声化と、それに相関する語頭子音の交替は、標準イタリア語に対する独自性のように見える。標準イタリア語は参照体系であり、そこを出発点として最大限の懸隔の規則が適用されなければならない。フィールドワークの結果、この現象が、とりわけ若い話者たちにおいて、一方では多く学校においてコルシカ語を習得すること、他方では彼らの言語的闘争主義の態度を示す役割を果たしていることが明らかになっている。このことはコイネー[2]の出現によって潜在化される。実際、若い話者が、母音間の無声子音の有声化の規則をほとんど機械的に適用しているのに対し、より年上の話者における調査では、比べものにならないほどニュアンスに満ちた状況が明らかになった。したがって、子音弱化に関するコルシカの状況の図式的な見方を乗りこえて先に進んでゆくのが適切である（とはいえ、その見方も根柢から否定されるわけではないが）。図式的な見方とは、母音間の無声子音の有声化に大きく影響された北部地域と、より保守的で、主に摩擦子音と［k］/［g］の対を対象とするだけの、弱化の初期段階を呈している南部地域との対立というものである。実際、弱化の態様においても、源泉においても、地域的分布においても、現実はより複雑である。

まず、**弱化の態様**。多くの弱化が、かならずしも有声化ではなく、有声化をともなうか、ともなわないかにかかわら

ず、接近音化という形をとることもある。たとえば、capelli
「髪（複数）」から、i capelli「定冠詞＋髪（複数）」とすると、
[i gabˈɛlli] とならんで、[i ɣabˈɛlli]、[i ɣaβˈɛlli]、[i jaβˈɛlli] な
どがある。

　つぎに、**弱化の源泉**（この際、「源泉」はむしろ複数である）。
狭い意味での「ローマ的な弱化」、すなわちこの場合は、トス
カーナにせよそれ以外にせよ北方的な源泉の、ガリア・イタ
リア的な弱化は、問題を引き起こさないように思われる。よ
く同定された一連の北方的な語であり、トスカーナ方言に
統合され、その後南イタリアにも伝汎していったものであ
る。例：lago「湖」、pagare「払う」、spada「剣」、strada「道」、
povero「貧しい」、vescovo「司祭」、padella「フライパン」、
scodella「鉢」、gridare「叫ぶ」、など。これらの弱化は「語彙
化」されている。なぜなら、現代語の形式を説明しようとす
る場合、（対応するラテン語の形式、LACU、PACARE など
ではなく）これらの形式が、〔一般的な場合の〕ラテン語と同様、
語源であるとみなせるからである。strada ＞ [strˈada]、coda
＞ [kˈɔda]、さらに [strˈaδa]、[kˈɔδa]、もっと進むと [strˈaa]、
[kˈɔa] に至るものであり、これらの変異はコルシカ全体（た
だし、上述のようにコルシカ岬半島を除く）で「新たな弱化」
が適用された度合いに応じている。というのも、コルシカは
もうひとつの弱化の現象の枠内に関係しているのであり、そ
の現象に近代の言語的錬成の手続きは依拠している。イタリ
ア・ロマンス語の領域では、この現象はイタリア中南部、よ
り正確には、ラツィオ州、ウンブリア州への伝汎を経験した。

イタリア語圏におけるこの弱化の現われは、コルシカの領域で確認されたことを多く想起させる。トスカーナでは、弱化と接近音化の錯綜がいっそう大きく、発生論的な次元で、いくつかの問題を提起しないでは済まない。メカニズムとしての弱化（中南部イタリアの弱化が見せる事例はこれにあたる）と、結果としての弱化を区別することが不可欠であると思われる。西ロマンス語圏における弱化は、狭い意味での母音間の位置にしか関係しないが、中南部イタリアでは、この現象は語頭が母音間になったときにも起き（統辞的音声学の現象）、シニフィアンの変異をもたらす。まさにこのことが、この現象を共時態において見えやすくしているのである。

　　最後に、**地域的分布**について。母音体系の基準に基づく地域区分に対応することからはほど遠く、また、すでに言及した図式的な2分法にはなおさら対応しない。弱化の地域的分布は、激動の歴史を証言する、より複雑な輪郭と合致する。この問題には、コルシカが呈する特徴である、「周辺地域の周辺」であるコルシカ岬半島の状況から取り組むことができる。第1に、コルシカ岬半島は、中南部型の弱化、すなわち、母音間の子音にも「弱い位置」の語頭の子音にも同様のしかたで影響するタイプの弱化が、ほとんど存在しないことによって特徴づけられる[3]。124ページで言及したモデルでの伝汎によって特徴づけられる若い世代を例外とすれば、この文脈では、有声化や接近音化された子音はほとんどない。第2に、コルシカ岬半島は、コルシカとトスカーナに共通し、南イタリアにも広がった「語彙化された」ローマ的弱化とは無縁であ

るということがわかっている。実際、コルシカ岬半島では、strata [strˈata]「道」という、ラテン語以来の閉鎖子音が保たれた形が見られる。場合によって、この形は「新たな弱化」をこうむっていることがある。[strˈaḍa] または [strˈada] などであり、これもまた、ラテン語の基盤が想定できるものであり、[strˈaδa] または [strˈaa] のように、ほかの地域に関して考えられている、すでに弱化した子音体系の基盤が想定できるものではない。第3に、コルシカのほかの地域では見られない、子音の強化という独自の現象が、コルシカ岬半島地域で最近明らかになった[4]。子音の強化は、図式的には、接頭辞 s- (または dis-) のあとにくる形態素のはじめの子音に関係し、有声閉鎖子音 (無声化する) にも摩擦子音 (閉鎖子音化する) にも適用される。たとえば、barca [bˈɛrka]「船」から sparcà [spɛrkˈa]「下船する」、filu [fˈilu]「糸」から spilatu [spilˈatu]「ほつれた (過去分詞)」が派生する。したがって、これらの形では、とりわけ子音のあとで起きる、子音強化のメカニズムが働いている。ところで、この現象は、発生においては、弱化の現象とは独立していることがわかっている[5]。コルシカ岬半島方言は、弱化の現象とは、すでに記述したメカニズムによって、あとから結びついたのである。つまり、コルシカ岬半島地域は、語頭子音の弱化ではなく、すでに記述した交替現象の基盤となる、強化を示す状態の証人なのである。この構成は、イタリア方言の領域では、南イタリアの諸方言とつながりがある (ロルフス参照)。

　これまで見てきたいくつかの事実を関連づけることで、われわれは、「子音の弱化に抵抗を示す地域」と名づけたものを

打ち立てることになった[6]。この地域はいくつかの下位区分からなるが、つぎのような共通の特徴がある。語源に比べて弱化された子音が出てこないだけではなく、「弱子音」が期待されるところで「強子音」が出てくるのである。

第1に、コルシカ島をななめに横切って東海岸まで広がる中西部である。たとえば、ソッチャでは、maghju「5月」が [m'acu]、babbu「父」が [b'apu] となる。さらに、観察されたいくつかの事実が、この展望のなかで意味をもつ。(弱化に抵抗する地域の周縁部の中ほどの線に位置する) いくつかの地点では、語頭子音の強化がある。しかも、強化の文脈だけでなく、弱化の文脈においても強化が起きる。たとえば、アンティザンティでは、u babbu「定冠詞 + 父」は [u pp'apu]、a tola「定冠詞 + テーブル」は [a tt'ola]、u tettu「定冠詞 + 屋根」は [u tt'ɛttu] になる。共鳴音が最も弱化の対象となった地域の周縁に位置するヴェーナグでは、まさにその共鳴音が (散発的に) 語頭の弱化の位置で強化される。u mele「定冠詞 + 蜜」は [u mm'eˡɛ]、a luna「定冠詞 + 月」は [a ll'uⁿa]、i nuli「定冠詞 + 雲 (複数)」は [i nn'uˡi] になる。

第2に、(拡大され、全般化された) このメカニズムは、おそらく、第5章で述べたターラヴの子音体系を説明しうる。ターラヴの子音体系には、弱化が存在せず、潜在的には強化子音が全般化している。実際、この地方 (「弱化への抵抗」を示す地域の南の部分) では、つぎのような語彙単位において、示される子音の強さを混同するか、少なくとも混同しうる。tappu [t'apu]「栓」、capu [k'apu]「頭」、babbu [b'apu]「父」において、p が pp から b までの変異しうることをわれわれは指摘した[7]。

しかも、この地方は語頭子音の交替現象が（ほとんど）存在しないという特徴を呈する。この子音の強さの度合いの撤廃は、おそらく、あるメカニズム（弱化）から導きだされた反発として解釈しなければならない。当初のおおまかな見方では、弱化についても、ほかの次元についても、およそ分水嶺の線に沿う2分法（チスモンテ対プモンテ）であるのに対し、より注意深い見方（とりわけ、近代の装いの中にある、より古い層を発掘しうるミクロ方言学的なデータ）は、少し違った像をえがく。南イタリアや、トスカーナ周辺部に見られる「新たな弱化」の地域は、広い幅でコルシカをつらぬき、その中心は東海岸の、バスティーアの少し南に位置する。そしてその地域は、弱化のない、「弱化に抵抗を示す」地域に取りかこまれている。後者の地域に、いまや、コルシカ岬半島を数え入れなければならない。そのことによって、たとえばコルシカ島の極南部でも見られる、pilferru「針金」のような、これまで指摘してきた多数の反響を説明できるのである。

　結論として、この問題に関しては、最も古い時代の状態が、こんにちでは島の極北部に残っており、その反響が極南部にも見られるという、コルシカ諸方言の像をえがくことができる。最も古い層を、思い切って「トスカーナ以前」（時間的にも、空間的にも）と形容することができるかもしれない。なぜなら、すでに見たように、それはイタリアの最も南の層に属しており、トスカーナ方言に浸透した北方系の弱化とは無縁であるからである。あいからわず図式的ながら、ほかのところ[8]で示唆した時代推定をくり返すと、この層を8世紀以前に位置づけることができる。

　この地域の周縁に、弱化の現象が侵入してくることへの抵抗、防御の徴候が観察される。独自の子音体系をもつターラヴの変種は、おそらく最も徹底した抵抗の結果である。この防塁の向こう側では、おどろくべきことに、島の南半分にわたって、弱化に関しては強く北方的な諸特徴が存在するということである。コルシカで広がっている「トスカーナ性」は、トスカーナに源泉があるのではなく、何度も強調してきたように[9]、むしろ、広く北方の言語的・文化的な諸潮流にむけて開かれていた、トスカーナの北西の周辺部に源泉がある。その結果、イタリア半島内の弱化の諸変種に言及するならば、コルシカ島極南部に痕跡を残しているのは、圧倒的に北方的な（ガリア・イタリア的）弱化であり、狭い意味でのトスカーナ的弱化でもなければ、イタリア中南部の弱化ではなおさらない。ここでもまた、思い切って年代的な言及をするならば、8世紀から13世紀のあいだにおさまる時期をあげることになる[10]。

　最後に、最も「トスカーナ化された」[11]といわれる地方である、コルシカの中東部には、「近代的」な意味での弱化の徴候を帯びた地帯が広がっている。近代的弱化とは、母音間のみならず語頭にも影響するメカニズムであり、それが語頭子音の強化のメカニズムとも組み合わさっている。また、その結果出てくるシニフィアンの変異のため、目につきやすい。

　比較的新しく、こんにちの標準が形成される基盤となった主要な特徴を含む、イタリアからの（?）弱化の浸透は、ジェノヴァ共和国の侵入[12]（13世紀）に対応するように思われる。この逆説は込み入っている。（たいへん図式的な見方をするなら

ば）イタリア北方的な特徴は、（イタリア中部の）ピサ共和国
によって導入されたのに対し、北イタリアの（ジェノヴァ）共
和国がコルシカに導入したのは、何よりもまずイタリア中南
部の変種に対応するメカニズムであった。イタリアの全体図
において、トスカーナの文化的中心がピサからフィレンツェ
に移動したことに対応すると思われる。そのあとジェノヴァ
が、コルシカの「トスカーナ化」、あるいはむしろ「イタリア
化」の主たる担い手として立ち現われるのである。さらに、コ
ルシカの極北部とイタリアの極南部を結びつける関係（弱化
において、そしてそのほかの点において）を思いおこそう。
少し引いて見れば、コルシカはおおよそ、イタリア半島を凹
面鏡のように写しだしているのである。その見方では、ブニ
ファーツィウについてさえ、その言語的孤島の地位を見直す
ことができるかもしれない。しかし現代の状況は、この像を
再構築し、再構造化している。そしてひるがえって、言語に
も作用している。

付録　ブニファーツィウ——ジェノヴァ方言の孤島

　コルシカ島極南部のこの都市は、こんにちもなお、コルシ
カ島の全体に所属せず、リグーリアの方言圏に結びついてい
る言語的変種によって特徴づけられる。こんにちではもはや、
少数の話者のみによって行なわれているこの特有方言は、高
い崖の上にあるこの都市の特徴をなしている。住民は、1195
年から、ジェノヴァの波状の入植に由来する。ブニファー
ツィウの最初の言語的データは19世紀にさかのぼる（「放蕩息
子の譬え」の翻訳）。そのあと、この変種はさまざまな研究の
対象となったが、参照にあたいするのは、ボッティリオーニ
が1928年に刊行した『古ジェノヴァ方言とサルディーニャ・
コルシカの言語的孤島』である。実際、となりのサルディー
ニャ島の海岸に、ブニファーツィウの反響ともいうべき存在
がある。カルロフォルテである。3度にわたる企画であった
『コルシカ言語地図』に統合され、ブニファーツィウの地点は
最近、コルシカ全土と同様、言語調査の対象となり、データ
の更新を可能にし、新たな分析をうながした[1]。
　ブニファーツィウ方言をジェノヴァの言語圏に属する方言
であると定義し同定する音声学的特徴は、つぎのようなもの
である。ラテン語の ū が硬口蓋化して [y] になること、ラテン
語の母音間の -T-、-D- が脱落すること、母音間の -R- と -L- が
混同されること、子音群の第2要素が -L であるとき、PL、CL
> [tʃ]、BL、GL > [dʒ] のように硬口蓋化が起きることである。
　ブニファーツィウ方言の空間的、時間的状況について、さ

らなる精緻化が、言語的基準と歴史的基準を交叉させること
で得られる。ブニファーツィウ方言は、音声学的基準に基づ
くと、リグーリア東部地域に属するものであり、13世紀の公
証人たちの文体を検討すると、リヴィエーラ・ディ・レヴァン
テ、より細かくいうとセストリ・レヴァンテ出身の人びとが
大きな割合を占めることがわかる。

　ブニファーツィウ方言の子音体系は、リグーリア方言の発
展の古い段階をあらわしている。その段階とは、12世紀から
13世紀のジェノヴァ方言を反映していると評価できる（ボッ
ティリオーニ、パローディ）。とりわけ、硬口蓋化と子音弱化
によって変化した結果を取り出すのは容易である。硬口蓋化
は、子音＋［j］からなる子音群、子音＋L、または軟口蓋閉鎖
音＋前舌母音の連鎖に介入し、破擦音や、硬口蓋前方の摩擦
音を生むものである。弱化は徐々になされ、当初の有声の連
鎖が接近音化することとと、二重子音／単子音、無声／有声
の関係での転移となって現われる。

-PP-	TAPPO	tapu	[tˈapu]	栓
-BB-	SABBATŬ	sabu	[sˈabu]	土曜日
-FF-	*MUFFA	mufa	[mˈufa]	カビの生えた
-TT-	BUTTE	buti	[bˈuti]	樽
-TI̯-	PETI̯U	pizu	[pˈitsu]	かたまり
-CI̯-	BRACHIU	brazu	[brˈatsu]	腕
-CCU, O, A	BUCCA	buca	[bˈuka]	くち
-DI̯-	MEDI̯U	mizu	[mˈidzu]	半分

-SS-	OSSU	ossu	[ˈɔsu]	骨
-SSI̯-	BASSIO	basciu	[bˈaʃu]	わたしは接吻する
-MM-	CAMMINU	caminu	[kamˈiⁿ]	道
-NN-	CANNA	cana	[kˈana]	葦
-NI̯-	ARANEA	ragna	[rˈaɲa]	蜘蛛
-LL-	PELLE	pili	[pˈili]	皮膚
-RR-	TERRA	terra	[tˈɛra]	大地、地球
-CL-	MAC(U)LA	maggia	[mˈadʒa]	（鎖の）輪
-SCI, E	FASCIA	fascia	[fˈaʃa]	くるみ帯
-X-	COXA	chioscia	[kjˈoʃa]	尻
-P-	NEPOS	nivu	[nˈivu]	甥
-B-	FABA	fava	[fˈava]	豆
-V-	OVU	iovu	[jˈovu]	卵
-T-	MATURU	mauru	[maˈyru]	熟した
-D-	NUDA	nuda	[nˈya]	裸体
-CI, E	COCINA	cusgina	[kuʒˈina]	料理
-CU, O, A	FOCU	fiocu	[fjˈogu]	火
-QU-	AQUA	aqua	[ˈɛgʷa]	水
-S-	NASU	nasu	[nˈazu]	鼻
-SI̯-	BASIU	basgu	[bˈaʒu]	接吻
-M-	PLUMA	ciuma	[tʃˈyma]	羽、ペン
-N-	LANA	lana	[lˈana]	毛織物
-GN-	AGNELLU	agnilu	[aɲˈilu]	仔羊
-L-	GULA	gura	[gˈura]	動物の口

-R-	SERA	sera	[s'era]	夜
-LĮ-	PALEA	pagia	[p'adʒa]	藁
-BĮ-	RABIE	ragia	[r'adʒa]	憤怒
-VĮ-	CAVEA	cagia	[k'adʒa]	かご

母音体系の発達は、とりわけ、Ĕ と Ŏ に由来する短母音が [i] と [jo] に移行したという点で、いっそうブニファーツィウでの変化の独自性を示している。これらには、それぞれ [jɛ]、[wɔ] という、2重母音の中間段階が想定できる。一定の段階（2重母音化、Ū の硬口蓋化が、音節的価値をもたない Ṷ の硬口蓋化を生み、[wɔ]＞[ɥɔ] となる）までは、この変化は、とりわけリグーリア語とオック語を含む西ロマンス語の広い地帯で知られているものと共通している。しかし、ブニファーツィウ方言はそれ以降は独自化し、（リグーリア東部の山岳地帯における保守的な諸方言と同様、）2段階の2重母音化を示している。第1は、「自然発生的」なものであり、固定されている。第2は、メタフォニーに由来するものであり、生きている。そして、（リグーリア全般におけるブニファーツィウ方言の独自性であるが）[ɥɔ] から [jo]、[jɛ] から [i] への後続的変化をもたらした。

FŌLIA	fiogia	[fj'odʒa]	葉
ŎCULU	iogiu	[j'odʒu]	目
NŎCTE	nioti	[nj'oti]	夜

FŎCU	fiocu	[fjˈogu]	火
LINTEŎLU	linziò	[lintsjˈo]	シーツ
CŎR	chiò	[kjˈo]	心、心臓
LĔCTU	litu	[lˈitu]	ベッド
PĔCTU	pitu	[pˈitu]	胸
NĔPTIA	niza	[nˈitsa]	姪
FĔBRE	friva	[frˈiva]	熱
MINISTĔRIU	mistia	[mistˈija]	職業
CÆLU	zia	[tsˈija]	空

　その結果、ボッティリオーニがしているように、リグーリア方言の改新の中心であるジェノヴァ方言と比較すれば、ブニファーツィウ方言がいくつかの古式を示していることは確かであるが、（保守的な）リグーリアの西方の周縁と比較すれば、逆にブニファーツィウ方言のほうが改新的であることがわかる。メタフォニーを廃し、その結果を全体的に一般化したこと、母音の長さの差（古い子音の対立の痕跡）を廃したこと、非強勢母音の体系を3母音に縮減したこと、そしてそのことが、語の形態をかなり改変したことなど。これらすべてのことが、コルシカ語と類似の現象を思わせる。あまりにも割りきりすぎた結論を出すことは避けたほうがよいが、それでも少なくとも、ブニファーツィウにおいてリグーリア方言とコルシカ語が接触したことが、リグーリア方言におけるいくつかの潜在的な改新的傾向をブニファーツィウ方言において実現するよううながしたといえる。

展　　望

　地理によって投錨され、歴史によって形づくられ、コルシカ語はこんにち、現代性のただなかにある。これまで行なってきた分析を延長し、将来への展望を示すことはできるだろうか。

　まず、コルシカ語の「科学的」な未来は豊かである。コルシカ研究は、長年論争の的になってきて、ここ数十年、かなりの発展を遂げたことは確かである。しかし、研究分野は尽くされたというのからはほど遠い。言語地理学（したがって、歴史言語学）は、まだすべての秘密を明かしておらず、多くの発見、秘宝をもたらさないフィールドワークはひとつもない。特に、ミクロ方言学的研究は、時間、空間のなかでの言語の構造化についてわれわれがもちうる見方をつねに精緻化する。たとえば、最近コルシカ岬半島に関してなされた研究は、北イタリアの諸方言との関係のみならず、いっそう予期しない結果として、コルシカ岬半島がサルディーニャ以外の南イタリアと取り結んでいる類縁性を明らかにする層位的記述を示した。サルディーニャ以外の南イタリアは、こんにちでは周縁へと押しやられた、ピサの層以前のローマ的性格の層に対応しているのである。

　この教訓から、もうひとつの教訓が出てくる。言語学者の任務は、言語的素材から取り出してきたものを収集し、共同体へと還元することである。見失うべきでないことは、コル

シカ語が、非制度的な諸言語の総体としては世代間伝達の断絶を経験したものの、伝えられなかった遺産の現実化は、こんにちでは、世代間の紐帯を結び直しうる有効な媒体を得ることができる。そのうえで、この収集・再構築は、懐古的な遺産の収集と誤解しないように留意するべきである。たとえば、環境の分野でなされている調査の活動からは、多数の思いがけない呼称が明らかになる。それらの呼称は、フランス語の引きうつしのような形式より、若い話者の語彙をうまいぐあいに豊かにするであろう。

　引き出せる3つめの点は、コード化において避けるべき危険に関するものである。とりわけ有害なのは、自然な発達から断絶して発展した、前世代の人びとが自分のものとは思わないような言語を子どもたちに教えることによって、歴史によって作られた隔たりを広げてしまうことである。このことはもちろん、政策的情報や、教員の養成、また、より一般的には、伝達の担い手に関するかなり強い要請（と、相応の手段）を想定する。

　最後に、こんにち立ち現われている社会において、コルシカ語はみずからの歴史と価値を引き継ぎ、そのためには対立に凝り固まらず、静穏なロマンス語世界に身をおくことで、フランス語とならぶ地位を見つけるようにするべきであろう。

巻末註

序章
1 Ž. Muljačić (1982)、J. Thiers (1986) 参照。
2 J. Séguy (1973)。
3 〔訳註〕外部から移入した、あるいは新たに作り出された形式がだんだん伝汎してゆくことから、歴史的新旧が地域的分布に反映するということ。

第1章
1 G. Rohlfs (1941) 参照。
2 H. Lausberg (1976)。
3 H. Lausberg (1976)。
4 M.-J. Dalbera-Stefanaggi (2001)、第3章。
5 M.-J. Dalbera-Stefanaggi (2001)、第4章。
6 F. Ettori (1979)、J. Thiers (1977)。

第2章
1 〔訳註〕改まった言語使用、くだけた言語使用などの度合い。
2 F. Ettori, J. Fusina (1981), p.12 参照。
3 M.-J. Dalbera-Stefanaggi (2001) 参照。
4 F. Ettori (1979), p.181.

第3章
1 H. Lüdkte (1979)。
2 この用語 (cacuminale) は、こんにちでは廃用になってしまったが、舌尖を口蓋の最前部にむけてもち上げる調音法を指し示している。
3 F. D. Falcucci, G. Papanti (1875) p.579 所収。
4 G. Millardet (1933), p.346.
5 F. D. Falcucci, G. Papanti (1875) p.574 所収。

6 P. Marchetti, D. A. Geronimi (1971), p.15.

7 M.-J. Dalbera-Stefanaggi (1991).

8 G. Rohlfs (1966-1969).

9 以下では、慣習的に、そしてほかのところ (M.-J. Dalbera-Stefanaggi, 1991) で準拠した分析を基盤として、強子音に、長さをあらわす横棒を上につけることで示す。

10 〔訳註〕以下では上の表と同じ単語を用いて北部の発音を示している。南部で3段階の組になった音素のうち、それぞれ中ほどの強さの /p/, /k/, /tʃ/ が、弱い /b/, /g/, /dʒ/ と同じになっている。

11 〔訳註〕子音交替の節を参照。

12 M.-J. Dalbera-Stefanaggi (2001).

13 〔訳註〕表の単語例では原則としてそれぞれひととおりの綴り字が書かれているが、実際には綴り字にも変異体がある。

14 〔訳註〕女性名詞。定冠詞つきの形で示されている。

15 M.-J. Dalbera-Stefanaggi (1991). § 332.

16 M. Contini, G. Tuaillon (1996).

17 M. Contini, G. Tuaillon (1996).

18 〔訳註〕原書地図では tertuca という形で示されていた。著者に確認したところ、tertuca, tertucula の形は共存しているとのことであり、後者の形に統一することを示唆されたので、これに従い、地図の凡例を修正した。

19 F. Ettori (1979), p.177.

20 J. Thiers (1986), p.66.

21 Ž. Muliačič (1982).

22 J. Thiers (1986), p.67.

23 P. Marchetti (2000), p.13-14.

第4章

1 G. Papanti (1875).

2 P. E. Guarnerio (1892-1898).

3 P. E. Guarnerio (1911), p.194-231.

4 G. Bottiglioni (1926), § 3.

5　G. Bottiglioni (1933-1942).

6　A. M. Melillo (1977).

7　コルシカの方言区分について、相次いで提案されたこれらの見方については、A. Nesi (1988), M.-J. Dalbera-Stefanaggi (1991) を参照。

8　M.-J. Dalbera-Stefanaggi (1991)、特に§45-86を参照。

9　M.-J. Dalbera-Stefanaggi (2001) 参照。

10　J. Gilliéron, E. Edmont (1914-1915).

11　G. Bottiglioni (1933-1942).

12　M.-J. Dalbera-Stefanaggi (1995-1999).

13　K. Jaberg, J. Jud (1928-1940).

14　〔訳註〕lemmatisation。活用・曲用する語の諸変化形をひとつの語としてとりまとめること。

第5章

1　M. Contini (1987), M.-J. Dalbera-Stefanaggi (1991) (1995).

2　M. Contini (1987), p.500-503.

3　M.-J. Dalbera-Stefanaggi (1991).

4　F. Corda (1983), p.5.

5　〔訳註〕ここでは「メタフォニー」という語は強勢音節での母音交替の意味で用いられており、後述の非強勢母音の変化とは異なる。

6　M. Contini (1987), p.567-571.

7　〔訳註〕ラテン語CÆPULLAは、コルシカ北部ではcipolla [tʃibˈɔlla]、cibolla [tʃiwˈɔlla] などの形になっている。ここで南部の ciudda [tʃˈuḍḍa] という形について「2重の弱化」といっているのは、語頭から2番めの子音が、弱まるだけでなく、消滅している点を指している。

8　M.-J. Dalbera-Stefanaggi (1991), §399

9　F. Corda (1983), p.25-28.

10　G. Rohlfs (1941).

11　G. Rohlfs (1941).

12　〔訳註〕一般に前置詞 incu (または ncu, cù)「... とともに」のあとに人称代名詞をおくときは、強勢形 (mè, tè, ellu, ella, noi, voi, elli, elle) がくるが、コルシカ南部では、incu mè のかわりに incu mecu、incu

tè のかわりに incu ticu、incu noi のかわりに incu noscu、incu voi の
かわりに incu voscu という、代名詞のあとでも前置詞をくり返す
形がある。mecu のたぐいは、ラテン語で前置詞 CUM を代名詞のあ
とにつけ、MECUM などとしていた名残りであり、のちに incu を
前にもつけるようになったものである。したがって、スペイン語の
conmigo のたぐいと同類であるが、スペイン語 consigo に対応する形
はコルシカ語にはない。一方、実はイタリア語にも、ルネサンス期ま
では con meco などの形が存在していた。

13 M.-J. Dalbera-Steanaggi (1991).

14 H. Lüdtke (1979), p.53. 南部イタリアの母音体系の類型論、ならびに
体系間の相互干渉については、とりわけ、G. B. Mancarella (1989)
(1991) を参照。音量の対立の中和に関するまとめとしては、特に A.
Castellani (1991) を参照。

15 この点については特に M. Contini (1987), p.57 を参照。「中東部では
全体的に [p] の実現について、ラテン語の二重母音出身かそうでな
いかによるわかりやすい違いを知覚できなかった。聴取の際、場合
ごとに、子音の持続時間は話者ごとに大きく異なり、それどころか
同じ話者においてさえ (たとえば、発話速度に応じて) 異なるという
印象をもった。子音の持続は、強勢音節との位置関係によって、また、
単語を単独で取り出すのか、自由な録音かによっても異なる。この不
安定性には、先行研究を比較するだけでも気づくことができよう。た
とえば M. L. Wagner では、二重子音由来の語についても、単純子音
由来の語についても、[p(p)] (同様に [t(t)]、[k(k)]) という転記が頻
繁にみられる。」さらに、M.-J. Dalbera-Stefanaggi (2001) も参照。

16 G. Rohlfs (1966-1969), § 3.

17 FENU はイタリア語圏全域で、あたかも Ẹ を有するかのようにふる
まう。

18 2重子音 -RR- を単純化することは、コルシカ北部全体に共通する特
徴である。

19 M. J. Dalbera-Stefanaggi (1991).

20 〔訳註〕ここで、下に「˳」のついた ẹ、ọ はそれぞれ、特に狭い [e]、特
に狭い [o] をあらわす (IPA とは異なる、ロマンス語学で用いられる

記号を応用した転記である)。また、最下段の / / でくくった表記は、
それぞれの音が体系内での相互関係によって音素として位置づけら
れた結果を示す。

21 F. D. Falcucci, G. Papanti (1875) 所収。

22 同書。

23 G. Rohlfs (1979).

24 A. Nesi (1993).

25 しかし、G. Rohlfs (1966-1969) では指摘されていない。「コルシカに
おいても、定冠詞は u, a, i, e の音である」(§ 418)。

26 南部では u、a、そして複数に関しては両性とも i になる。

27 G. Rohlfs (1966-1969)、§ 418 参照。

28 M. Giacomo-Marcellesi (1982) 参照。〔以下訳註〕同書では、かつての
オイル語 langue d'oïl、オック語 langue d'oc の命名にならって、コル
シカ語をイェー語 langue d'ié とよんでいる。

29 F. D. Falcucci, G. Papanti (1875), p.591 所収。

30 G. Rohlfs (1966-1969)、§ 427、429 参照。

31 M.-J. Dalbera-Stefanaggi (1991), § 272.

32 同じモデルに基づき、コルシカ岬半島において mussà [muss'a]、極
南部において muscià [muʃʃ'a] < *MO(N)STRARE「示す」という形
がみられる。同様の現象 ([ʒ] > [z]) が ECCLESIA「教会」のコルシカ
岬半島での形式 ghjeza [ɟ'eza] にもみられる。これはコルシカ島でみ
られる形の全体と比べると、新旧混淆の形式である (NALC の第 64
図、第 265 図参照)。古い (すなわち、この場合は、かつて北部のもの
であり、こんにちでは南部に追いやられている) というのは、CL に
由来する語頭の有声子音があるという点においてである。しかし同
時に新しいというのは、舌背・硬口蓋狭窄子音ではなく舌背・舌尖狭
窄子音によってである。舌背・舌尖狭窄子音は〔イタリア語の〕chiesa
のモデルにしたがって、イタリア語諸方言の領域で旧形にとってか
わっている。M.-J. Dalbera-Stefanaggi (2001) 参照。同じようなコルシ
カ岬半島と極南部との対応関係は、*LAXARE「離す」の扱いにもみ
られる。両方の地域で、lacà [lak'a] (または lecà [lɛk'a]) という形が
みられる。それに対し、コルシカ島の残りの部分では lascià [laʃʃ'a] と

いう形である。lacà は古いピサ方言の形であることが知られている。

33 M.-J. Dalbera-Stefanaggi (1991)、§ 218.

34 G. Rohlfs (1966-1969)、§ 241 参照。

35 〔訳註〕名詞の性を変更することではなく、女性名詞の例外的な語尾を、女性名詞に典型的な語尾である -a に変更することを指す。

36 A. Nesi (1993), p.245 参照。

37 G. Rohlfs (1966-1969), § 359 参照。

38 G. Rohlfs (1966-1969), § 441 参照。

39 E. Medori (1999) 参照。

40 G. Rohlfs (1979), p.157.

41 G. Rohlfs (1979), p.91.

42 M. Giacomo-Marcellesi (1978) によると、「コルシカ北部における祖父母の呼称は、サルディーニャ語ではない南方ラテン語圏に対応する。実際、kakkaru, kakkara〔原文のまま〕は、tataru, tatara の変異体と思われる。[...] tataru, tatara は、南イタリア全体で祖父母を指す辞項であり、ラテン語の tata『父』から派生した。それは 19 世紀のローマ方言や、こんにちのルーマニア語や、南イタリア諸方言に生き残っている」(p.229)。

43 〔訳註〕原書のモルスィーリア方言の記述では、舌尖音 [r] と口蓋垂音 [ʀ] が混在しており、また、分布の原則も見いだされないが、現実に両者がならび行なわれている状況を映している。しかし、[ʀ] のほうが優勢なので、著者の示唆を得て [ʀ] に統一した。

44 M.-J. Dalbra-Stefanaggi (1991), § 316-330 参照。

45 〔訳註〕vene [b'enɛ]「静脈」の語源となるラテン語は、VĒNA と長母音の Ē である。

46 -RR- の単子音化は、すでにみたように、コルシカ北部全体に共通である。

47 コルシカ語全方言に共通。

48 ジェノヴァの形態であり、サッサリでも収集されている。

49 ここでは、ほかの問題を引き起こすので、形態論的な側面には立ち入らない。

第6章

1 M.-J. Dalbera Stefanaggi (2001).

2 M.-J. Dalbera Stefanaggi (2001).

3 E. Medori (1999) および M. J. Dalbera-Stefanaggi (2001), III, 7参照。

4 E. Medori (2001) 参照。

5 M.-J. Dalbera-Stefanaggi (1991), § 218-223.

6 M.-J. Dalbera-Stefanaggi (1995-1999), 第245図。

7 M.-J. Dalbera-Stefanaggi (1991), § 256-260.

8 M.-J. Dalbera-Stefanaggi (2001).

9 G. Rohlfs (1979).

10 M.-J. Dalbera-Stefanaggi (2001).

11 A. M. Melillo (1977) p.19-23 参照。

12 M.-J. Dalbera-Stefanaggi (2001).

13 J.-Ph. Dalbera (1987).

参考文献

Allières J. (2001), *Manuel de linguistique romane*, Paris, Champion.

Bottiglioni G. (1926-1927), La penetrazione toscana e le regioni di Pomonte nei parlari della Corsica, *L'Italia Dialettale*, II, p. 156-210 ; III, p. 1-69.

Bottiglioni G. (1928), L'antico genovese e le isole linguistiche sardo-corse, *L'Italia Dialettale*, IV, p. 1-60 et 130-149.

Bottiglioni G. (1933-1942), *Atlante Linguistico Etnografico Italiano della Corsica*, Pisa.

Castellani A. (1991), Sulla scomparsa dell'opposizione di quantità vocalica in latino vulgare, *Actes du XVIIIᵉ Congrès international de linguistique et de philologie romane*, III, Tübingen, Max Niemeyer Verlag, p. 10-21.

Contini M. (1987), *Étude de géographie phonétique et de phonétique instrumentale du sarde*, Alessandria, Éd. dell'Orso, p. 135-136.

Contini M., Tuaillon G. (1996), *Atlas linguistique roman*, I, Roma, Istituto Poligrafico e Zecca dello Stato.

Corda F. (1983), *Saggio di grammatica gallurese*, Cagliari, Edizioni Trois.

Dalbera J.-Ph. (1987), À propos du bonifacien et de sa position dans l'aire dialectale ligurienne, *Études corses*, n° 29, p. 89-115.

Dalbera-Stefanaggi M.-J. (1991), *Unité et diversité des parlers corses. Le plan phonologique. Parenté génétique et affinité*, Alessandria, Éd. dell'Orso.

Dalbera-Stefanaggi M.-J. (2001), *Essais de linguistique corse*, Ajaccio, Éd. Alain Piazzola.

Dalbera-Stefanaggi M.-J. (1995-1999), *Nouvel Atlas linguistique de la Corse*, vol. 1 et 2 (en collaboration avec R. Miniconi), Paris, CNRS Éditions.

Ettori F. (1979), Langue et littérature, *Corse*, Encyclopédies régionales

Bonneton, p. 169-211.

Ettori F., Fusina J. (1981), *Langue corse : incertitudes et paris*, Ajaccio.

Falcucci F. D. (1915), *Vocabolario dei dialetti della Corsica*, Firenze, Licosa Reprints, 1975.

Giacomo-Marcellesi M. (1978), Différenciations micro-régionales et intercompréhension dans l'espace linguistique corse, *Pieve e paesi*, CNRS, p. 209-244.

Giacomo-Marcellesi M. (1982), Langue d'*ié* entre langue de *si* et langue d'*oui*, *Langues néolatines*, p. 140 sq.

Gianelli L., Savoia L. M. (1976), *Toscana*, Pisa, Pacini.

Gilliéron J., Edmont E. (1914-1915), *Atlas linguistique de la France : Corse*, Paris, Champion.

Guarnerio P. E. (1892-1898), I dialetti odierni di Sassari, della Gallura e della Corsica, *Archivio Glottologico Italiano*, XIII, p. 125-140, XIV, p. 131-200 et 385-442.

Guarnerio P. E. (1902-1905), Il sardo e il corso in una nuova classificazione delle lingue romanze, *Archivio Glottologico Italiano*, XVI, p. 491-516.

Jaberg K., Jud J. (1928-1940), *Sprach und Sachatlas Italiens und der Südschweiz*, Zofingen.

Lausberg H. (1976), *Linguistica Romanza*, Milani, Feltrinelli (éd. originale, 1996).

Lüdtke H. (1979), *Lucania*, Pisa, Pacini.

Mancarella G. B. (1989), *Ricerche linguistiche a Tursi. Per una interpretazione del vocalismo tonico della Lucania meridionale*, Manduria.

Mancarella G. B. (1991), Sistemi vocalici della Lucania e classificazione linguistica, *Actes du XVIIIᵉ Congrès international de linguistique et de philologie romane*, III, Tübingen, Max Niemeyer Verlag, p. 505-516.

Marchetti P., Geronimi D. A. (1971), *Intricciate è cambiarine*, Nogent-sur-Marne, Éd. Beaulieu.

Marchetti P. (2000), *L'usu Corsu*, Bastia, Stamperia Sammarcelli.

Medori S. (1999), *Les parlers du cap Corse. Études de micro-dialectologie,* thèse de doctorat, Univ. de Corse.

Medori S. (2001), Les séquences *s*+consonne dans le cap Corse : un cas de renforcement consonantique, *Quaderni del Dipartimento di Linguistica,* Firenze, 11, p. 11-36.

Melillo A.-M. (1977), *Corsica,* Pisa, Pacini.

Muliačič Ž. (1982), Tipi di « lingue in elaborazione » romanze, *Incontri linguistici, 7,* p. 69–79.

Nesi A. (1988), Korsisch : Interne Sprachgeschichte, *in* G. Holtus, M. Metzeltin, Ch. Schmitt, *Lexicon der Romanistischen Linguistik,* IV, Tübingen, Niemeyer, p. 799-808.

Nesi A. (1993), La Corsica, *in* I. Loi Corvetto, A. Nesi, *La Sardegna e la Corsica,* Torino, UTET, p. 209-301.

Papanti G. (1875), *I parlari italiani in Certaldo,* Livorno.

Paulis G. (1984), *Introduzione, traduzione e appendice* alla *Fonetica storica del sardo* di M.-L. Wagner, Cagliari, Edizioni Trois.

Pomponi F. (1980) (sous la dir. de), *Le Mémorial des Corses*, Ajaccio.

Rohlfs G. (1941), *L'italianità linguistica della Corsica,* Wien, A. Schroll & Co.

Rohlfs G. (1966-1969), *Grammatica storica della lingua italiana e dei suoi dialetti,* Torino, Einaudi (éd. originale, 1949).

Rohlfs G. (1979), Toscana dialettale delle aree marginali, *Studi di lessicografia italiana,* Firenze, Accademia della Crusca, p. 83-262.

Séguy J. (1973), Les Atlas linguistiques de la France par régions, *Langue française,* 18, p. 65-91.

Thiers J. (1977), Aspects de la francisation en Corse au cours du XIXe siècle, *Études corses*, 9, p. 5-40.

Thiers J. (1986), Épilinguisme, élaboration linguistique et volonté populaire, trois supports de l'individuation sociolinguistique corse, *Langages,* 83, p. 65-74.

索　引

事項索引

地名索引

人名索引

モルスィーリア
Morsiglia

コルシカ岬半島
Capicorsu

バスティーア
Bastia

イーズラロッサ
Isula Rossa

カルビ
Calvi

ボルグ
Borgu

カスタニッチャ
Castagniccia

ニオール
Niolu

コルティ
Corti

カルヂェーゼ
Carghjese

アヤッチュ
Aiacciu

イズラッチュ
Isulacciu

ターラヴ
U Taravu

サルテー
Sartè

ポルティヴェッチュ
Portivechju

ブニファーツィウ
Bunifaziu

20 km

10 mi

© d-maps.com

訳者あとがき

　本書は Marie-José Dalbera-Stefanaggi (2002): *La langue corse*, P.U.F. の全訳です。翻訳に際して採用した要領については、巻頭の「凡例」をご参照ください。原著者はコルシカ語学、ならびに言語地理学において活躍し、コルシカ島の新しい言語地図やデータベースの編纂を監修するなど、学界の指導的役割を果たしてこられました。本書はその研究成果を十全に活用することによって成立しており、コルシカ語（学）についての簡にして要を得た概説書になっています。

　コルシカ語は、フランス領のコルシカ島内において、ならびに島外に移り住んだコルシカ島出身者によって話されている言語です。ピサの支配を受けた時代があったため、トスカーナ地方周縁部のイタリア語に類似しているところが多いものの、イタリア語より古色をとどめる言語であるとされます。しかし、島内での地域差も大きく、コルシカ島南部で話されている方言は、強勢のない [ɛ] 音を回避する傾向などにおいてイタリア半島南部の諸方言とも類似しています。また、コルシカ島の東隣のカプライア島の方言、さらに、解釈によっては、サルディーニャ島北部、ガッルーラ地方の方言もコルシカ語の変種とされます（本書では「コルシカ・ガッルーラ方言」とよばれています）。話者人口は、厳密な調査が存在しないため推計によらざるをえませんが、島民約30万人のうち約10万人、島外在住の話者もあわせると約15万人とも推定されます。

　コルシカ島がフランスに統合されたことは、コルシカ語の

154

存続のためには、けっして好ましいことではありませんでした。フランス共和国は、憲法第1条で「単一不可分の共和国」をうたっているなど、きわめて中央集権的な国家です。言語政策も同様で、長年、コルシカ語などの地域言語には公的な地位が与えられることはありませんでした。現在、コルシカ島でもフランス語の使用は全面的で、コルシカ語をひとことも知らなくてもまず不自由はありません。しかしそのことがとりもなおさず、コルシカ語の危機を示しているのです。

21世紀になってようやく、多言語主義を標榜するEUの政策のおかげで、フランスでも地域語が息を吹きかえしてきました。コルシカ語も、新聞、雑誌、放送、インターネット、官庁、学校などで積極的に使用され、振興がはかられています。バカロレア（フランスの大学入学資格）や、高等教育資格の科目にもコルシカ語が入っているなど、その存在感は大きいものがあります。しかし、コルシカ語はいまなお、ユネスコから「危機に瀕する言語」の指定を受けています。なぜかというと、親から子へ直感的に受け継ぐ、「母語」としての伝承が稀薄とみなされているからです。世代間伝承は母語話者にまかせるしかありませんが、コルシカ（語）に興味のあるわれわれ非母語話者がコルシカ語を知るとともに、考えることもまた、コルシカ語の存続に力を与えることになるでしょう。

コルシカ島は面積が約8,680 km^{2}で、日本でいうと広島県や兵庫県より少し広いくらいです。地形はたいへん山がちで、島を北西から南東にななめに横切って急峻な山脈がそびえており、その最高峰チントゥ山は標高が2,706 mもあります。冬は高地で積雪し、ギゾーニなどにはスキー場もあります。山脈を横断して2大都市であるバスティーアとアヤッチュを結ぶコルシカ鉄道の本線が開通するまでは、冬場は陸路で山

越えができませんでした。また、この山脈を縦走するコース
は最上級者向けのトレッキングルートになっています。山脈
に隔てられ、行き来もしづらかったことから、島内の方言差
は大きく、本書で紹介されているように、方言学・言語地理
学に格好の題材を提供してくれます。

　コルシカ語のきわだった特徴として、単一の標準語が存在
せず、さまざまな方言が対等の規範性をもってならびたつ、
「多規範的」な状況をあげることができます。本書でも言及さ
れている多規範的言語のモデルは、マルチェッレージが提唱
したもので、「単一性が抽象的であり、弁証法的な動きから出
てくるような言語」と定義されます。つまり、他を圧するひ
とつの変種が単一の標準語になるのではなく、諸変種の総合
によって、あるいはそれらの話者の総意に基づいて形成され
る抽象的実体です。そんなものはたちまち空中分解してしま
いそうに思えるでしょうか。しかし、コルシカ語はたしかに
多規範的言語の理念を結実させている、と言いたくなるさま
ざまな事象があります。

　たとえば、子音とその綴り字に着目してみましょう。コル
シカ語では、一部の子音(字)が、語句のなかで占める位置に
応じて異なる音声的実現をもつという現象があります。休止
(句読点)のあと、子音のあと、截語(語末に強勢の来る語)の
あとが「強い位置」で、それ以外は「弱い位置」です。本書123
ページに出ている例を用いて説明しましょう。trè pani「3個
のパン」では、[trˈɛ] という截語のあとに pani [pˈani](pane
[pˈanɛ]「パン」の複数形)が来ていますので、強い位置という
ことになり、[trˈɛ ppˈani] というぐあいに、p が強く実現しま
す。それに対して、u pane「定冠詞＋パン」では、[u] という
無強勢母音のあとなので、「弱い位置」です。このため子音が

弱化し、[u bʲanɛ] になります。重要なことは、こうした音の変化にかかわらず、問題の子音の綴り字は p のままにしておく、ということです。ある語が位置によって綴り字を変えないことにより、その語の語彙としての同一性が保たれますし、さらには、弱化が多い変種と少ない変種のあいだにある方言差を吸収でき、（とくに書いたときの）意思疎通が容易になるというメリットがあります。やや大げさに言えば、強い位置、弱い位置を通して、一貫して p と書くことこそ、多規範的言語であるコルシカ語の抽象的なまとまりを保証しているのです。

　本書の翻訳の際にうかんだ疑問については、著者のマリ＝ジョゼ・ダルベラ＝ステファナッジ先生に直接質問させていただき、さまざまなご教示をたまわりました。また、校正刷りを亜細亜大学の土屋亮先生、東京大学大学院の桑原咲弥さんにご覧いただき、多くの貴重なコメントをたまわりました。編集に際しては白水社の小川弓枝さんにひとかたならずお世話になりました。深甚の感謝を申し上げます。

　コルシカ語がより広く知られ、すえながく、力強く存続することを祈念して擱筆します。

2020年2月

渡邊淳也

.

訳者紹介

渡邊淳也（わたなべ・じゅんや）
1967年大阪市生まれ。1992年筑波大学第一学群人文学類卒業。1997年筑波大学大学院文芸言語研究科退学。1997年から1999年高等社会科学研究院（EHESS）に留学。2003年筑波大学にて「博士（言語学）」を取得。玉川大学助教授、筑波大学准教授を経て、現在東京大学総合文化研究科准教授。おもな著書『叙法の謎を解く』、『コルシカ語基本文法』、『フランス語の時制とモダリティ』、『フランス語学概論』（共著）、『フランス語学小事典』（共著）など。

文庫クセジュ　Q1036

コルシカ語

2020年5月10日　印刷
2020年5月30日　　発行

著　者　　マリ=ジョゼ・ダルベラ=ステファナッジ
訳　者 ©　渡邊淳也
発行者　　及川直志
印刷・製本　株式会社平河工業社
発行所　　株式会社白水社
　　　　　東京都千代田区神田小川町3の24
　　　　　電話　営業部　03 (3291) 7811 / 編集部　03 (3291) 7821
　　　　　振替　00190-5-33228
　　　　　郵便番号　101-0052
　　　　　www.hakusuisha.co.jp

乱丁・落丁本は，送料小社負担にてお取り替えいたします.
ISBN978-4-560-51036-0
Printed in Japan